KB268404

영화관에서 듣는 클래식

영화관에서 듣는 클래식

일러두기

1. 본문에서 설명하는 영화 속 장면의 위치를 [▶시간:분]으로 표기했다.

2. 영화, 드라마, 문학 작품(시, 단편), 음악은 홑화살괄호(< >), 단행본은 겹화살괄호(《 》)로 표기했다.

3. 영화 제목은 <봄 교향곡> 외에는 국내 개봉 제목의 표기를 따랐고, 개봉 연도는 국내 개봉일을 기준으로 했다.

4. 고유명사의 외래어 표기는 국립국어원 외래어 표기법을 따랐고, 관례로 굳어진 것은 예외로 두었다.

영화관에서 듣는 클래식

**어떤 장면은
음악으로 기억된다**

김태용 지음

↓ clove

인생에서 행복을 느끼는 순간은 오래 지속되지 않습니다. 그래서 저는 행복의 기회를 늘리기 위해 노력합니다. 듣고 싶은 음악을 감상하고, 좋아하는 사람과 수다를 떨고, 영화를 보죠. 전문가는 아니어도 저는 그 누구보다 영화를 사랑한다고 자부합니다. 힘들거나 공허할 때마다 마음을 다독여줄 영화를 보는데, 주로 한 번 이상 본 영화를 고릅니다. 두 번째 볼 때는 처음과 다른 감흥을 받을 수 있고, 세 번째부터는 지루함보다는 편안한 즐거움을 느낄 수 있기 때문입니다. 특히 다시 볼 때 영화음악에 집중해보면 영상의 감정적, 구조적 역할을 더 깊이 이해할 수 있습니다.

영화음악은 크게 두 가지로 나뉩니다. 하나는 다이제틱 음악(Diegetic Music)입니다. 극의 공간 안에 실제로 존재하는 소리입니다. 또 하나는 논다이제틱 음악(Non-diegetic Music)입니다. 흔히 배경 음악(BGM)이라고 부르는 음악의 주된 형태죠. 두 개념을 이해한다면 영화는 훨씬 재미있어집니다.

OST(Original Sound Track), 오리지널 스코어(Original Score), 삽입곡(기존 곡, Pre-existing Music) 같은 수요 용어도 숙지하면 좋을 것입니다. OST는 극에 사용한 모든 음악을 담은 앨범을 통칭합니다. OST에는 영화만을 위해 새로 작곡하고 연주한 오리지널 스코어와 이미 발표된 유명한 음악을 가져와 쓰는 삽입곡이 포함됩니다. 오리지널 스코어와 삽입곡은 주로 논다이제틱 음악의 주요 형태를 이룹니다.

요즘 영화와 드라마를 보면서 전반적으로 클래식 음악을 사용하는 경우가 많아졌다는 걸 느꼈습니다. 이유가 뭘까요? 우선 저작권 문제를 해결할 수 있다는 실용적인 장점이 있을 것입니다. 바흐, 모차르트, 베토벤 등 클래식 음악 작곡가들의 작품 대다수는 작곡가 사후 70년이 지나 저작권이 만료되어 퍼블릭 도메인(공유 재산)이 되었지요. 녹음본의 저작권 문제를 고려하더라도 비용 절감에 많은 도움이 됩니다. 두 번째 이유는 특정 배경이나 인물의 정체성을 확립하는 문화적 코드로 활용할 수 있기 때문일 것입니다. 클래식 음악은 지적이고 세련된 이미지 또는 상류층의 문화적 배경을 나타내는 상징성을 띱니다. 캐릭터의 성격이나 배경을 청각적으로 구별하는 수단으로 사용할 수 있죠. 반면, 잔혹하거나 코믹한 장면에서 의도적으로 평화로운 클래식 음악을 사용해 반어적인 충격이나 깊은 인상을 줄 수 있습니다. 마지막 이유가 가장 중요합니다. 클래식 음악은 수백 년 동안 수많은 사람에게 검증된 만큼 보편적인 감정을 가장 순수하고 강력하게 표하는 능력을 가졌습니다.

이 책은 저의 저서 중 2019년에 출간한 《영화관에 간 클래식》 이후 영화와 음악을 다룬 두 번째 책입니다. 전작이 영화와 음악의 관계를 다룬 교양서였다면, 이 책은 음악 예술을 통해 인간의 억압, 자유, 구원의 근원적 가치를 탐구하는 에세이라고 할 수 있습니다. 영화에서 클래식 음악이 캐릭터의 심리와 영화의 주제를 어떻게 완성했는지, 새로운 시각으로

탐구해볼 수 있는 기회가 되기를 바랍니다. 그리고 독자 여러
분도 행복한 시간을 마음껏 누리시길 응원합니다.

김태용

차
례

1부. 음악으로 완성한 세계 : 교향악

2부. 때로는 대사보다 긴 여운: 성악

3부. 깊은 사색으로 이끄는 선율: 독주와 앙상블

1부

음악으로 완성한 세계

교향악

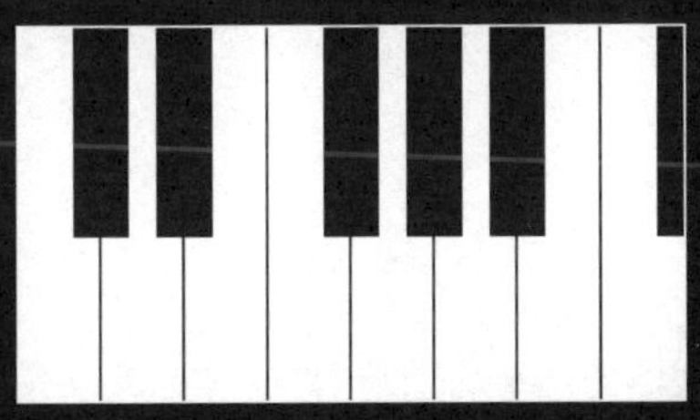

허공을 지휘한 자

영화 <TAR 타르>

말러 <교향곡 5번>

* 예술 뒤에 숨은 독재 *

천재 지휘자 리디아 타르(케이트 블란쳇 분)는 베를린 필하모닉#의 첫 여성 상임 지휘자다. 하지만 영광의 정점에서 그의 세계는 서서히 금이 가기 시작한다. 특히 말러의 <교향곡 5번> 1악장 '장송행진곡'의 리허설 장면은 타르의 영향력과 불안, 그리고 다가올 쇠퇴의 그림자를 밀도 높게 그려낸다. 1악장 도입부에서 타르는 트럼펫 독주를 악보에 없는 '무대 밖

\# 영화에서 타르가 지휘하는 베를린 필하모닉은 가상의 설정이다. 실제 오케스트라 연주 장면은 주로 드레스덴 필하모닉(Dresden Philharmonic)과 그들의 공연장인 드레스덴 문화궁전(Kulturpalast Dresden)에서 촬영했다.

연주'(offstage)#로 지시한다. ▶01:00 이는 실험적 연출을 넘어 연주자, 청중, 심지어 음악 자체까지도 자신의 의지대로 완벽하게 장악하려는 타르의 왜곡된 욕망을 드러낸다. 실제로 이 곡의 트럼펫 독주 부분은 비장하고 숙연한 장송의 분위기로 무대 위에서 정상적으로 연주된다. 악곡은 트럼펫의 시그널과 팀파니의 무거운 박동으로 개시된다. 전체를 압도하는 애도와 비극적 긴장 속에서 제1바이올린의 서정적 선율이 잠시 빛을 비추지만, 끝내 어두운 색채를 벗어나지 못한 채 장엄하게 마무리된다.

영화에서 트럼펫의 시그널은 파국적 서사를 예고하는 중요한 징후다. 타르가 이 소리의 원천을 숨겨 물리적 거리감을 둠으로써 음악적 신비감을 연출하는 동시에 자신만이 제어하는 음향 공간을 창조하려는 자만을 보여주는 것이기도 하다. 그는 음정, 박자, 악센트 같은 기본적인 음악 요소는 물론 말러가 남긴 악상의 영역까지 세세히 조정하는데, 이는 일반적인 지휘자의 해석이 아니라 예술을 통해 권력을 과시하려

말러는 곡의 공간감을 살리기 위해 '무대 밖 연주'(Offstage Performance) 기법을 자주 사용했다. 예를 들면, 말러 <교향곡 2번>의 5악장에서 트럼펫과 호른이 무대 밖에서 원거리 연주를 한다. 작곡가는 이처럼 여백적 음향을 다양하게 활용하면서도 음악적 의도에 따라 무대 안팎의 연주를 명확히 구분해서 사용했다.

는 독재적 면모의 표현이다.

리허설 후 베를린 필하모닉의 어시스턴트 지휘자인 세바스찬 브루크너(데이비드 크로스 분)는 3악장 '스케르초'(Scherzo)#에 대한 의견을 조심스럽게 제시한다. 클라리넷이 제1바이올린을 받쳐주는 역할인데## 소리가 너무 크다는 것이었다. 음악적 완성도를 위한 조언이었지만, 타르는 이를 자신의 권위에 대한 도전으로 받아들이며 불쾌감을 숨기지 않는다. 급기야 매니저 엘리엇(마크 스트롱 분)에게 세바스찬을 해고하고 다른 인물로 대체할 것을 은밀히 지시한다. 독선과 불만을 예술적 판단이라는 명분 뒤에 은폐하지만, 그 실체는 음악을 넘어선 전제적 지배욕이다.

\# 이탈리아어로 '농담, 익살'을 뜻한다. 18세기 말 고전주의 교향곡과 소나타에서 미뉴에트(3박자 춤곡)를 대체해 사용했으며, 보통 빠른 3박자로 경쾌하거나 장난스러운 성격을 지닌다. 낭만주의 시대에는 더 격렬하고 유머러스한 성격으로 발전해 교향곡의 활력을 담당하는 악장으로 자리 잡았다.

\#\# 클라리넷과 제1바이올린이 동일한 강약으로(p, 여리게) 주선율과 보조 선율을 이루는 장면은 실제로 1악장에서 더 두드러진다.

* 추락으로 향한 행진곡 *

타르는 음악을 예술이 아닌 자신의 위세를 드러내는 수단으로 다루며, 연주자와 학생들은 자신의 비전을 실현하기 위한 부품처럼 취급한다. 그의 독단은 베를린 필하모닉의 권력 구조를 넘어 교육 현장에서도 그대로 재현된다. 영화 초반, 타르는 줄리어드 스쿨 지휘 수업에서 바이올린을 전공하는 학생(맥스 분)의 지휘에 대해 평가하며 음악학적으로 그럴싸한 이야기를 늘어놓는다.▶00:30 그러던 중 한 학생이 자신은 유색인종에 팬젠더(모든 성별을 아우르는 젠더 정체성)라 바흐의 여성 혐오적인 삶을 생각했을 때 그의 음악을 진지하게 받아들이기 힘들다고 말하자#, 타르는 바흐의 위대함을 맹렬한 은유와 비유로 몰아붙이며 학생의 개인적인 취향마저 짓밟는다. 물론 학생의 말이 음악학적으로 검증된 것은 아니지만, 영화에서는 학생의 생각을 강요하고 취향까지도 강제하려는 타르의 권세욕을 부각한다.

타르의 직권 남용은 언어적 폭력을 넘어 전 제자 크리스타

\# 바흐가 '여성 혐오적이었다'는 주장을 뒷받침할 학술적 근거는 없다. 이는 18세기 사회 관습을 개인의 혐오로 인식하는 영화적 설정이다.

테일러의 자살이라는 비극을 낳은 바 있다. 과거 그가 저지른 권력형 성범죄 의혹이 수면 위로 떠오르면서 타르의 명성은 급속도로 무너진다. 또한 세바스찬의 후임으로 현 제자이자 조교인 프란체스카(노에미 메를랑 분) 대신 젊은 첼리스트 올가(소피 카우어 분)를 내세우며 또 다른 갑을 관계를 형성하려 한다. 이 또한 언론 보도와 대중의 비난으로 이어지며 그를 궁지로 몰아넣는다. 모든 것을 잃어버릴 위기에 처한 타르의 모습은 말러의 절망적 '장송행진곡'을 연상케 한다. 끝내 아내 샤론(니나 호스 분)과의 관계마저도 파탄이 나며 타르가 구축했던 모든 세계는 완전히 붕괴한다.

영화의 클라이맥스는 해고된 타르가 자신이 지휘하기로 했던 말러의 <교향곡 5번> 공연장에 난입하는 장면이다. ▶02:21 1악장 도입인 트럼펫 독주가 진행되는 중 타르는 무대에 뛰어들어 새 지휘자를 밀치고 자신이 지휘하려 든다. 이 절정의 순간, 타르가 잃어버린 것은 지휘봉이나 명예가 아니다. 음악과 자신을 동일시하며 쌓아 올렸던 거대한 환상, 자신의 손아귀에 모든 것을 넣을 수 있다고 믿었던 오만이다. '장송행진곡'은 타르 자신의 추락을 위한 슬픈 예행연습이었다. 영화는 말러의 심리적 사운드로 타르의 인간성을 해부하고 예술 세계의 부조리함을 극적으로 폭로한다. 타르가 말러를 연

주하는 것이 아니라, 말러의 음악이 타르의 몰락을 지휘한 것
이다.

TAR 타르^{Tár}

개봉 2023년

감독 토드 필드

출연 케이트 블란쳇, 노에미 메를랑, 니나 호스 외

국가 미국

장르 드라마, 심리 스릴러

관람 등급 15세 이상 관람 가

구스타프 말러 Gustav Mahler, 1860~1911

교향곡 제5번 c#단조, GMW44 중

제1악장 '장송행진곡'

(엄숙한 걸음으로, 엄격하게, 장례 행렬처럼)

작곡 연도 1902년

장르 교향곡

감정 키워드 장중함, 죽음, 불안, 긴장, 권력, 몰락

우아하게 냉혹하게

영화 <더 페이버릿: 여왕의 여자>

비발디 <비올라 다모레 협주곡>

* 다정한 선율 *

영화 <더 페이버릿>은 18세기 영국 앤 여왕의 궁정을 배경으로 하면서 권력과 질투, 사랑의 역학을 현대적 시선으로 풀어낸다. 영화는 시작부터 바로 그 아이러니를 음악으로 예고한다. 헨델의 <12개의 합주 협주곡, Op.6> 중 제7곡(HWV325, 1739)이 흐르며 왕실의 위엄과 품격을 장중하게 깔아두지만, 이내 펼쳐지는 인물 간 모략과 감정은 고전적 격식을 비틀며 긴장감을 만들어낸다. 헨델의 음악이 궁정의 전통과 중후함을 암시하는 도입이라면, 영화의 감정적 동력은 비발디의 선율에서 본격적으로 시작된다.

1708년경, 스페인 왕위 계승 전쟁이 한창일 때다. 영국은 프랑스와 전쟁 중이며, 앤 여왕(올리비아 콜맨 분)은 정치적으로 불안정한 정국 속에서 국정을 이끌고 있다. 이 전쟁에서 공작 부인 사라#(레이첼 와이즈 분)의 남편 마르보로 공작은 프랑스를 상대로 연전연승을 거두고 있고, 그 전과가 궁정 내 권력의 균형에도 영향을 준다. 사라는 앤 여왕의 오랜 친구이자 국정을 좌우하는 실세다.

이 배경 위로, 몰락한 귀족 가문 출신인 하녀 아비게일(엠마 스톤 분)이 사촌 언니 사라를 찾아 궁을 방문한다. 아비게일은 사라의 눈에 들기 위해 앤 여왕의 통풍을 완화할 약초를 구해 치료하는 데 성공한다. 이를 계기로 아비게일은 사라의 신임을 얻는 동시에 여왕의 관심까지 받으며 권력의 문턱에 들어선다. 이 장면에 흐르는 음악이 비발디의 <비올라 다모레 협주곡 a단조, RV397> 중 1악장(빠르게)이다. ▶00:18

비올라 다모레(Viola d'amore)##는 '다정한 비올라'라는 뜻으로, 바로크 시대에 쓰이던 현악기다. 이 곡은 감정을 한 발짝

\# 사라 처칠(1660~1744)은 실존 인물로, 말버러 공작 부인이자 앤 여왕의 오랜 친구였다. 왕실 의복 담당 귀부인을 비롯한 여러 직책을 맡았고, 정치적으로는 휘그당과 가까운 입장을 취했다. 시간이 흐르면서 앤 여왕과의 관계가 소원해졌고, 아비게일 매섬이 새로운 측근으로 떠오르며 결국 궁정에서 밀려났다.

뒤에서 조율하는 우아한 냉정함을 나타내며, 분위기를 설정할 뿐 아니라 계산적인 아비게일의 야망과 정교한 태도를 반영한다. 아비게일과 사라 사이에 펼쳐질 심리전은 이미 이 선율 안에 예고돼 있다.

사라가 여야 토론장###으로 발길을 재촉할 때, <비올라 다 모레 협주곡>이 다시 흐른다.▶00:40 전쟁에 반대하는 야당과 토지세 인상까지 밀어붙이려는 여당, 이를 지켜보는 사라는 남편의 명예를 위해 병력과 군비를 확보하려 하지만 상황이 녹록지 않다. 음악은 사라의 표면적 냉정과 그 이면의 전략적 열망을 동시에 드러낸다.

일반적으로 6~7개의 연주 현과 함께 공명현이 달려 있다. 이 공명현 덕분에 소리는 부드럽고 몽환적이며, 섬세한 감정 표현에 적합하다. 오늘날에도 고전 음악 애호가나 고음악 연주자가 연주한다.
영화 속 배경인 18세기 초 앤 여왕 통치기(1702~1714) 당시, 영국 의회는 휘그당(Whigs)과 토리당(Tories)으로 양분되어 있었다. 휘그당은 전쟁을 통한 확장을 주장하며 적극적 개입을 지지했고, 사라가 이들과 정치적으로 연대한다. 반면 토리당은 세금 인상과 전쟁 장기화를 반대하며 화평을 주장했고, 당수 할리(니콜라스 홀트 분)가 대표 인물로 등장한다.

* 패배한 승리 *

이제 사라는 아비게일에게 넘어서야 할 존재가 아니라 반드시 견제해야 할 적이 된다. 아비게일은 여왕의 호감을 얻기 위해 더욱 대담해진다. 사라가 여야 논쟁에 집중하는 사이, 아비게일은 여왕의 외로움에 깊숙이 파고든다. 둘의 관계는 점차 더 은밀하고 친밀하게 얽힌다. 급기야 앤 여왕은 귀족이 아닌 아비게일에게 선물의 의미로 귀족 남성과의 결혼까지 허락한다. 그 시점에서 비발디의 협주곡이 또 한 번 맴돈다.▶01:20 여기에서 음악은 신분 상승의 비유일 뿐만 아니라 궁정 내 권력의 판도가 뒤바뀌는 결정적 변곡점이 된다. 비올라 다모레의 유려하고 우아한 선율은 축복처럼 들리지만, 이면에는 사라와 같은 강한 욕망이 표현되고 있다. 이는 아비게일에게 곧 닥쳐올 미래에 대한 불길함을 풍기는 심리적 테마로도 작용한다.

권력의 중심에 선 아비게일은 오히려 초조하다. 자신의 계략으로 사라를 낙마(落馬)시켜 잠시 기회를 얻었지만, 그가 언제든 돌아올 수 있다는 두려움이 여전히 남아 있기 때문이다. 그즈음 아비게일은 귀족 부인들과 공연을 감상한다. 그때 죽음에서 살아 돌아온 사라가 아비게일 앞에 깜짝 등장한다. 이때의 무대는 퍼셀의 연극 음악 〈오이디푸스, Z583〉(1692) 중 제1막 '음악이 있는 동안'(소프라노#)이다.▶01:24 이 노래는 반복되는 저음 선율(ground bass) 위에서 소프라노가 부드럽게 노래하는 아리아로, 느린 3/4박자의 규칙적인 흐름이 이 노래의 가사처럼 고통을 잠시 잊게 한다. 특히 "drop"##이라는 노랫말에서는 음이 차례로 떨어지는 하강 선율이 나타나, 뱀들이 가라앉는 장면을 음악적으로 묘사한다. "그대의 근심이 모두 사라지도록"이라는 가사는 승자의 불안한 마음을 감싸지만, 그 목소리 뒤편에는 오히려 악마의 속삭임 같은 불안이 스며든다.

사라의 등장에도 큰 반전 없이 여왕의 마음은 더욱 아비게일에게 향한다. 결과적으로 사라는 아비게일에 의해 제거되고, 여왕의 여인이 된 아비게일은 절대 권력을 붙잡는다. 사

\# 원래는 소프라노를 위한 곡이지만 현대 공연에서는 카운터 테너, 테너, 메조소프라노 등으로도 연주된다. 가사는 음악이 고통을 달래주는 힘을 갖는다는 내용을 담고 있다.

\## 다음과 같은 가사가 등장한다. "Till the snakes drop, drop, drop from her head…" (그 머리에서 뱀들이 뚝뚝 떨어질 때까지…). 여기서 "drop"은 그리스 신화 속 복수의 여신 '알렉토'(Alecto)의 머리에 얽혀 있던 뱀들이 떨어져 나가는 장면을 묘사한다. 퍼셀은 이 단어를 세 차례 반복하면서 실제 선율을 한 음씩 하강하는 음형으로 설정했는데, 이는 가사의 의미를 직접적 소리로 형상화한 대표적인 텍스트 페인팅(text painting) 기법의 예로 평가된다.

라를 추방한 여왕의 마음은 사실 편치 않다. 사라의 추방을 명령하는 시점부터 우울한 피아노 음악이 울려 퍼지며 이 감정적 흐름은 계속 이어진다. ▶01:47 침울하게 침대에 누워 있던 여왕은 아비게일의 일그러진 진짜 모습을 발견한다. 영화의 마지막에서는 여왕의 진짜 분노를 볼 수 있다.

여왕은 자신의 토끼를 은밀히 학대한 아비세일에게 격노하며 다리를 주무르라는 명을 내린다. 이어서 그를 무릎 꿇게 하고 머리채를 움켜쥔다. 여왕의 다리를 주무르는 아비게일의 표정에는 절대 권력 앞에서 느끼는 허무함이 담겨 있다. 이때도 여전히 계속되는 피아노곡은 슈베르트의 <피아노 소나타 21번 D960>(1828) 중 2악장(느리게, 음을 끌며 부드럽게 유지하면서)이다. 음악은 아비게일의 숙명적 체념과 비극, 사라지는 미소로 영화의 끝을 흐린다. 이 영화에는 여러 음악이 등장하지만, 이야기의 정서를 지배하는 축은 세 번 반복된 비발디의 <비올라 다모레 협주곡>이다. 아비게일의 등장, 상승, 고립까지 아우르며 말보다 더 많은 것을 들려준다.

더 페이버릿: 여왕의 여자 The Favourite

개봉 2019년

감독 요르고스 란티모스

출연 올리비아 콜맨, 레이첼 와이즈, 엠마 스톤 외

국가 미국

장르 드라마, 시대극, 블랙 코미디

관람 등급 15세 이상 관람 가

안토니오 비발디 Antonio Vivaldi, 1678~1741
비올라 다모레 협주곡 a단조, RV397 중
제1악장 (빠르게)

작곡 연도 1720년대 초반

장르 협주곡(비올라 다모레와 현악 오케스트라)

감정 키워드 절제, 계산, 불안, 고요, 긴장

봄처럼 시작된 음악

영화 <봄 교향곡>

슈만 <교향곡 1번>

* 폴로네즈 1번 *

1983년에 개봉한 영화 <봄 교향곡>은 역사적 사실을 충실히 따른다. 작곡가 로베르트 슈만(헤르베르트 그뢰네마이어 분)의 전기처럼 보이지만, 사실은 그의 아내이자 세계적인 피아니스트였던 클라라 슈만(나스타샤 킨스키 분)의 이야기다. 아버지 프리드리히 비크(리하르트 폰 바이츠제커 분)는 독일의 피아노 교육자이자 음악 사업가로, 어린 시절부터 딸을 혹독하게 길러 세계적 피아니스트로 만든다. 그는 클라라를 예술 상품처럼 다루며 재능을 철저히 통제했고, 클라라는 연수 여행을 다니며 명성을 얻었지만 삶은 여전히 아버지의 궤도 위에 머문다. 그런 아버지에게 슈만은 감히 맞설 수조차 없는, 딸과 비교하면 보잘것없는 존재에 불과하다.

영화 제목인 <봄 교향곡>#은 슈만이 1841년에 작곡한 <교향곡 1번> '봄'에서 따왔다. 그러나 이 작품은 단지 계절을 나타내는 음악이 아니다. 슈만과 클라라, 두 예술가가 힘겹던 과거를 지나 마침내 그들 스스로의 삶을 연 순간, 그 감정의 절정을 '봄'이라는 이름으로 표현한 곡이다. 영화는 이 교향곡을 두 사람의 정서와 서사 전반을 꿰뚫는 상징적 구조물로 삼는다.

영화는 클라라와 슈만의 만남을 매우 섬세하게 그린다. 슈만이 피아노 연습을 하고 있을 때 어린 클라라가 자신이 처음으로 만든 곡을 들고 나타난다.▶00:11 슈만이 그것을 연주해 보고는 "폴로네즈네!"라고 말한다. 이 곡은 클라라가 열한 살 무렵 실제로 작곡한 <폴로네즈 1번, Op.1>(1831)이다. 이 장면은 예술적 칭찬을 넘어선 의미를 갖는다. 클라라가 '음악을 주는 사람'으로 처음 등장하는 순간이자 영화가 클라라를 단순한 조력자가 아닌 자기 목소리를 가진 창작자로 그려내

<봄 교향곡>은 1987년 한국에서 <애수의 트로이메라이>라는 제목으로 개봉되었다. 이는 슈만과 클라라의 사랑과 예술적 삶의 여정을 함축적으로 보여준다.

기 시작하는 서곡이기도 하다. 영화에서 두 사람의 관계는 점점 깊어진다. 하지만 스승이자 아버지인 비크는 딸에게 극도로 집착하며 두 사람의 결혼을 완강히 반대한다. 결국 슈만과 클라라는 아버지 비크를 상대로 법정 소송을 벌이고, 1840년 마침내 결혼 승인을 받아낸다. 이 과정은 단순한 연애담이 아니라 클라라가 주체로 나아가는 성장 이야기로 풀이간다. 음악도 여기에 맞춰 흐른다.

영화 중반부, 클라라는 파리 공연을 앞두고 슈만을 찾아간다. ▶01:16 슈만은 클라라를 위해 쓴 곡이라며 <어린이 정경> 중 제7곡 '트로이메라이'를 들려준다. 짧고 조용한 슈만의 연주는 깊은 사랑을 전하며 클라라의 마음을 울린다. 이후 법정 다툼을 이겨낸 두 사람이 결혼에 이르는 순간, 슈만의 가곡 <미르테의 꽃> 중 제1곡 '헌정'이 흐른다. 말로 다 담지 못할 사랑의 감정을 대신하는 이 곡은 한동안의 소란이 잠시 멈추고, 두 사람의 인연을 가장 조용하고 강하게 만드는 순간을 장식한다.

* 봄 교향곡 *

슈만은 피아노 앞에 앉아 동료 멘델스존#과 함께 자신의 <교향곡 1번>의 1악장 작곡을 마무리한다. ▶ 01:37 그때 클라라가 임신한 모습으로 등장하고, 멘델스존은 그에게 "비크가 마을을 떠났다"고 전한다. 배경 음악은 슈만이 연주하는 단조로운 피아노 선율에서 오케스트라로 바뀌며 힘차게 몰아간다. 꽁꽁 얼어붙은 듯했던 아버지의 영향력이 사라지고, 두 사람은 처음으로 저마다의 진짜 삶을 시작한다. 이 장면에서는 <교향곡 1번>의 1악장(보통 빠르기로-매우 빠르고 생기 있게)이 피날레까지 연주되며 두 사람이 하나의 독립된 존재로 거듭났음을 상징적으로 보여준다. 실제로 슈만의 교향곡은 어둠을 뚫고 올라오는 생명과 감정의 움직임을 그린다. 금관의 팡파르와 목관의 따스한 선율, 현악기의 유기적인 호흡이 한데 얽히며 무언의 드라마가 펼쳐진다. 부제 '봄'은 누구의 딸이나 아내가 아닌 클라라 본인, 그리고 슈만이 마침내 작곡가로서 시작한 인생의 이름이다.

\# 펠릭스 멘델스존(Felix Mendelssohn, 1809~1847)은 독일 낭만주의 작곡가이자 지휘자이다.

영화의 마지막 장면은 '봄' 교향곡이 실제 연주회장에서 울려 퍼지는 순간이다. ▶01:38 클라라가 연주회장에 들어서고, 무대에서는 멘델스존의 지휘#로 '봄' 교향곡의 1악장이 연주되고, 슈만은 이를 지켜본다. 밝고 힘찬 리듬으로 시작하는 이 악장은 생명의 약동과 감정의 고양을 밀도 있게 보여주며 서서히 희망의 정점으로 나아간다. 클라라는 조용히 슈만 옆에 앉아 음악을 감상한다. 무수한 갈등과 상처를 지나 마침내 두 사람이 함께 음악을 공유하는 순간이다. 영화는 이 역사적 장면을 클라라의 내면에 비추어 재구성하며 사적인 기쁨을 공적인 환희로 확장한다.

이 영화는 음악 전기 영화일 뿐만 아니라 예술적 주체성과 여성 예술가의 역사적 복권이라는 함축적 의미를 담은 국가적 문화 프로젝트로 제작한 예술 영화다. 1983년 분단 시기였던 서독##은 이 작품에 시대적 의미를 담아내고자 했다. 실제로 영화의 음악감독은 당시 라이프치히 게반트하우스를

\# 〈교향곡 1번〉은 실제로 1841년 3월 31일, 멘델스존의 지휘로 라이프치히에서 초연되었다.

\#\# 당시 독일은 1949년부터 동독과 서독으로 분단된 상태였으며, 통일은 1990년 10월 3일에 이루어졌다. 따라서 이 작품은 분단 시기의 서독 문화와 사회적 분위기를 반영한 산물로 볼 수 있다.

이끌던 지휘자 쿠르트 마주어였고, 영화의 첫 장면에 파가니니 역으로 출연한 바이올리니스트 기돈 크레머는 파가니니의 고난도 작품#을 직접 연주해 선보였다. 슈만의 모든 피아노곡은 피아니스트 바베트 히어홀처가, 가곡은 디트리히 피셔 디스카우가 맡았다. 세계적인 연주자들이 참여해서 실연한 장면들은 영화 전체에 생생한 리얼리티와 음악적 깊이를 불어넣는다. 킨스키는 절제된 감정 표현과 강단 있는 눈빛으로 예술가 클라라를 설득력 있게 연기한다. 슈만을 연기한 그뤼네마이어가 절묘한 균형으로 감정을 조율한다면, 킨스키는 스토리의 정서적 중심을 묵직하게 끌어안는다. 영화 <봄 교향곡>은 그렇게 허구와 실제, 감정과 음악이 경계 없이 연결된 드문 작품이다. 그래서 영화가 끝난 뒤에도 그 울림은 한동안 마음에 머문다.

파가니니 <무반주 바이올린을 위한 24개의 카프리스, Op.1> 중 제17번(E♭장조)

봄 교향곡Frühlingssinfonie

개봉 1983년

감독 페터 샤모니

출연 나스타샤 킨스키, 헤르베르트 그뢰네마이어 외

국가 독일

장르 전기, 음악, 멜로

관람 등급 전체 관람 가

로베르트 슈만Robert Schumann, 1810~1856

교향곡 제1번 B♭장조, Op.38, '봄'

작곡 연도 1841년

장르 교향곡

감정 키워드 해방, 시작, 결단, 환희, 독립

가려진 천재

영화 <슈발리에>

슈발리에 <바이올린 협주곡 9번>

* 파리의 총아 *

영화 <슈발리에>는 18세기 프랑스 혁명기를 배경으로, 역사 속에 가려졌던 천재 음악가 조제프 볼로뉴 슈발리에 드 생조르주(켈빈 해리슨 주니어 분)의 삶을 스크린에 되살려낸다. 펜싱 영웅이자 바이올린 거장, 작곡가로 활약한 그의 이야기가 강렬하게 펼쳐진다. 영화는 슈발리에와 모차르트의 바이올린 대결이라는 상상력 넘치는 장면으로 슈발리에의 천재성을 각인시킨다. 이 장면에서 등장하는 모차르트의 걸작 <바이올린 협주곡 3번>#(1775)은 슈발리에의 <바이올린 협주곡 9번>과 대비되는 또 다른 고전성##을 보여준다. 그의 협주곡은 시대의 모순 속에서 피어난 열정과 고뇌를 섬세하게 그려낸다.

영화 초반, 슈발리에는 카리브해 과들루프 출신의 흑인 혼혈이라는 태생적 한계를 딛고 프랑스 사교계의 중심에 선다. 뛰어난 검술로 루이 16세로부터 '기사'(슈발리에###) 작위를 받고, 마리 앙투아네트(루시 보인턴 분)의 음악적 후원을 받는다. 이처럼 음악계에서 독보적인 존재감을 보여주지만, 당시 파리 음악계에는 인종적 편견과 귀족 중심의 구조가 견고해 유색인 음악가들은 큰 제약을 받았다.

슈발리에와 앙투아네트가 오페라 공연을 함께 관람하고 화려한 귀족 파티장으로 입장한다.▶00:17 이곳에는 현악 앙상블의 멋진 음악이 연주되고 있다. 앙투아네트는 슈발리에게 "조제프, 들려? 자네 곡을 연주하고 있어!"라고 말하는데, 이 곡이 바로 슈발리에가 작곡한 <바이올린 협주곡 9번>의 1악장(빠르게)이다. 이 협주곡은 고전주의 양식(18세기 음악의

\#　이 곡은 3악장에 등장하는 주제 선율이 당시 슈트라스부르크란 도시에서 유행하던 춤곡과 비슷해 '슈트라스부르크'라는 부제로 불리지만, 공식적인 악보에는 없는 이름이다.

\#\#　18세기 후반 이전 바로크 시대의 복잡하고 과장된 양식에 대한 반등으로 간결한 자연스러움을 추구한 고전 시대의 특성을 말한다.

\#\#\#　프랑스어로 '기사'(knight)를 뜻한다. 영화의 제목은 조제프 볼로뉴의 지위와 명예를 나타낸다.

균형과 명료함을 중시하는 고전 시대의 스타일)의 품격과 독주 바이올린의 화려한 기교가 돋보이는 작품이다. 1악장의 밝고 생기 넘치는 선율은 슈발리에의 명성과 젊은 날의 자신감을 반영한다. 또한 하이든의 엄격함이나 모차르트의 서정성과 달리 프랑스 사교계의 경쾌함과 크레올 리듬(카리브해 지역의 생동감 있는 박자)의 활력을 담는다. 협주곡의 빠른 파트는 검술의 정확성을 연상시키고, 오케스트라와 바이올린의 조화는 사교계에서 그가 발휘한 친화적 관계성을 보는 듯하다.

* 혁명의 불꽃 속 *

슈발리에의 <바이올린 협주곡>은 피부색과 출신지의 편견을 넘어 예술가로 인정받으려는 작곡가의 열망을 담고 있다. 슈발리에의 매력, 야망 그리고 18세기 파리의 화려한 문화를 생생히 전달한다. 이 음악이 자아내는 분위기와 앙투아네트의 찬사는 그의 높아진 사회적 위상을 잘 드러낸다. 하지만 영화는 그의 화려함 뒤에 숨겨진 인종 차별과 제도적 장벽의 어두운 이면을 놓치지 않고, 1776년 슈발리에가 파리 오페라 감독직#에 도전했다가 높은 벽에 부딪히는 과정을 극적으로 묘사한다. 자신이 작곡한 오페라 공연으로 호의적인 분위기를 이끌어내 오페라 감독직이 유력해 보이지만, 오페라 가수 라 기마르(미니 드라이버 분)의 저지로 무산된다.##

라 기마르는 슈발리에에게 거절당한 개인적 원한으로 그의 혈통을 문제 삼아 반대 청원을 주도한다. 슈발리에는 앙투아네트에게 청원 소식을 전해 들으며 심각한 상처를 받고 사회 부조리를 깨닫는다. 이 충격과 조세핀과의 비극적인 사랑은 그를 쓰라린 절망에 빠뜨린다. 이러한 시련은 그의 음악에 새로운 차원을 더하고, 기존의 예술적 표현을 넘어선 전환을 예고한다.

그의 <바이올린 협주곡 9번> 1악장은 개인의 열정과 예술적 자의식을 섬세하고 화려한 선율로 담아내며 때로 기존 질서에 대한 미묘한 도전을 암시했다. 하지만 이제부터 슈발리에는 그간 겪은 개인적, 사회적 좌절을 동력 삼아 혁명의 기운에 적극적으로 동참한다. 자신의 모든 분노와 열망, 그리고

\# 영화에서는 슈발리에가 파리 오페라 감독직을 두고 글루크와 경쟁하며 승기를 잡지만, 가수 라 기마르의 반대로 낙마하는 것으로 묘사된다. 그러나 실제 역사에서는 특정 공연 결과와 무관하게, 그의 인종적 배경을 이유로 단원들이 조직적으로 반대한 것으로 기록되어 있다.

\## 영화는 라 기마르의 반대 동기를 개인적인 앙심과 인종 차별이 복합된 것으로 묘사하지만, 실제로 라 기마르의 개인적인 감정에 대한 구체적인 기록은 드물다.

시대정신을 응축해 <자유의 교향곡>(Sinfonie Liberté)#을 작곡하고, 이를 직접 지휘하며 대중 앞에 선다. ▶01:36 이 사실을 알게 된 마리 앙투아네트가 그의 모든 것을 박탈하고 위협하지만, 그는 굴하지 않는다. 이 공연은 억압에 저항하고 자유를 갈망하는 강력한 혁명의 일부분으로 하나가 된다. 슈발리에는 청중의 열광적인 지지를 얻지만, 결국 앙투아네트의 명령으로 공연 중 체포 시도가 이루어진다. 그러나 관객들의 격렬한 항거로 그는 공연장을 자유롭게 빠져나가고, 이때 다시 울려 퍼지는 <자유의 교향곡> 선율은 영화의 극적 대미를 장식한다.

영화는 이렇게 그의 저항 정신을 강렬하게 보여준다. 실제 역사에서 1792년에 그가 프랑스 최초의 흑인 연대 '생 조르주 군단'을 창설해 이끌고 혁명의 전장에 참여했음을 상기시킨다. 한때 왕비의 총애를 받던 음악가에서 혁명가로 변모한 그의 삶은 이상 사회를 향한 갈망이 현실적인 투쟁으로 이어진 결과였다. 하지만 혁명 후 나폴레옹 시대에 노예제가 부활하면서 그의 업적과 작품들은 의도적으로 잊히고 만다.# 영화

\# 슈발리에의 실제 작품이 아니라, 영화를 위해 미국 작곡가 마이클 에이블스가 작곡한 창작곡이다. 사운드트랙은 크리스 보워스가 총괄했다.

는 비극적 역사를 자막으로 전하며 그의 <바이올린 협주곡 9번>의 1악장을 다시 들려주며 마무리된다. 영화 초반 그의 화려한 등장을 알리고 그의 예술 세계를 대변했던 이 바이올린 협주곡의 선율은 이제 모든 시련을 넘어선, 불멸의 예술혼과 잊힌 천재의 목소리를 대변하며 깊은 여운을 남긴다.

\# 나폴레옹이 슈발리에의 음악을 공식적으로 금지했다는 명확한 법령 등의 증거는 부족하다. 하지만 그의 인종 차별 정책과 노예제 부활은 슈발리에와 같은 흑인 예술가들의 유산을 사회적으로 억압하고 잊히게 만드는 데 큰 영향을 미쳤으며, 이는 프랑스 혁명기의 혼란 등 다른 요인들과 함께 그의 작품이 상당수 소실되는 결과를 초래한 것으로 평가된다.

슈발리에 Chevalier

개봉 2023년

감독 스티븐 윌리엄스

출연 켈빈 해리슨 주니어, 루시 보인턴, 사마라 위빙 외

국가 미국

장르 드라마, 시대극, 음악

관람 등급 15세 이상 관람 가

조제프 볼로뉴 슈발리에 드 생조르주 Joseph Bologne, Chevalier de Saint-Georges, 1745~1799

바이올린 협주곡 제9번 G장조, Op.8/G.050

출판 연도 1777년경

장르 바이올린 협주곡(고전주의 시대)

감정 키워드 열정, 우아함, 자신감, 기교, 도전, 예술적 열망

가장 개인적인 이야기

영화 <파벨만스>

바흐 <마르첼로 오보에 협주곡에 의한 건반 협주곡>

＊ 탄식 저음 ＊

스티븐 스필버그의 자전적 영화 <파벨만스>는 거장의 유년기와 가족사를 섬세하게 그려낸 작품이다. 이 영화는 스티븐 스필버그 감독의 성장기를 바탕으로 한 소년이 영화, 가족, 음악을 통해 세상을 이해해 나가는 과정을 그린다. 무엇보다 이 영화를 가장 선명하게 전하는 건 대사가 아니라 음악이다.

아버지는 과학자이고 어머니는 피아니스트. 논리와 감성 사이에서 성장한 새미 파벨만(가브리엘 라벨 분)의 인생에는 늘 어머니의 피아노 선율이 깔려 있다. 해당 영화의 중심을 주도하는 음악은 바로 요한 제바스티안 바흐의 <마르첼로 오

보에 협주곡에 의한 건반 협주곡, BWV974>다. 바흐의 선율은 어머니 미치 파벨만(미셸 윌리엄스 분)의 입으로 시작해 피아노 연주로 이어지고, 마침내 침묵 속의 고백처럼 관객을 파고든다. 스필버그 감독은 이 영화를 "내 인생에서 가장 개인적인 이야기"라고 밝힌 바 있다. 영화는 바흐의 곡을 매개로 긴밀히 엮여 나간다.

영화 초반부, 미치는 침대 위에서 악보를 바라보다 바흐의 피아노 선율을 흥얼거리며 남편 버트 파벨만(폴 다노 분)에게 말한다.

"내려가는 음표 보이지? '탄식 저음'이라고 해."

이 장면에서 들리는 곡은 바흐가 이탈리아 작곡가 알레산드로 마르첼로의 <오보에 협주곡 d단조, S.Z799>(1713년 이전 작곡)를 건반을 위한 협주곡으로 편곡한 작품이다. 악곡은 2악장(매우 느리게, adagio)이다. 이 작품에는 바로크 음악의 특징인 '탄식 저음'(lamento bass)# 기법이 활용됐다. 하행하는 음형으로 비탄을 표현하는 기법이다.

주로 17세기부터 18세기 중반(바로크 시대)에 사용된 작곡 기법이다. 반음계(Chromaticism)로 하행하는 베이스 선율을 지속적으로 반복해 슬픔, 고통, 비탄과 같은 격렬한 감정을 표현한다. 오페라의 아리아나 진혼곡 등 비극적인 장면에서 강한 정서적 효과를 부여한다.

바흐는 원곡의 오보에 선율을 건반 위에 옮기면서 가라앉은 기분, 고요한 침묵과 같은 정취를 극적으로 반영했다. 짧고 반복적인 주요 선율과 장식음, 서정적인 선율이 유기적으로 연결돼 구조적으로 간결하면서도 여운이 강하다. 영화에서 이 곡이 처음 등장하는 장면은 그 자체로 가족 내면의 풍경을 담아낸다. 반복되는 하행 선율은 등장인물들이 차미 말하지 못하는 심정을 대변한다. 미치가 침대에서 바흐의 멜로디를 남편에게 들려주는 장면은 음악적 전달이기도 하지만, 가족 모두의 감정선을 연결하는 첫 '정서적 대사'이기도 하다. 말로는 닿을 수 없는 위로와 예감을 조용히 전하는 심리적 장치인 셈이다.

* 고백과 화해 *

영화는 미치의 어머니가 세상을 떠난 뒤부터 파벨만스 가족의 일상에 서서히 균열이 생기는 모습을 그린다. 충격과 비통에 잠긴 미치를 버트가 자신의 방식대로 위로하려 하지만, 가족은 서로에게서 차츰 멀어진다. 애수에 잠긴 미치는 거실에서 바흐의 <마르첼로 오보에 협주곡에 의한 건반 협주곡>

2악장을 직접 연주한다. ▶00:55 그는 길었던 손톱을 짧게 다듬고 조용하고 절제된 타건을 한다. 그즈음 새미는 자신의 방에서 가족 캠핑 영상을 매만지고 있다. 편집 과정에서 그는 어머니와 아버지의 친구 베니(세스 로건 분)가 나누는 미묘한 시선과 손길을 반복적으로 확인하고, 결국 외면하려던 진실을 확신한다.

음악은 가족을 한 공간에 놓지만, 각자를 고립시킨 채 불안과 서글픔, 침묵의 공기를 만든다. 연주가 끝난 뒤 버트가 미치 곁으로 다가가 그의 아픔을 어루만지려 한다. 그러나 두 사람 사이에는 채워지지 않는 거리감이 존재한다. 이는 앞선 장면에서 가족이 모두 모인 자리에서 미치가 베토벤 <피아노 소나타 1번 f단조, Op.2>의 1악장(빠르게)을 치던 때와 극명히 대조된다. ▶00:26 다듬지 못한 긴 손톱 때문에 피아노 건반이 소음을 내고 집 안이 소란으로 가득 찼던 때와 달리, 바흐의 음악은 말할 수 없는 비애를 담는 셈이다.

시간이 흘러 가족의 틈은 더욱 벌어진다. 새미는 어머니의 비밀을 알게 된 뒤로 그와 거리를 두고 지낸다. 미치는 답답함과 죄책감에 휩싸여 아들과 대화를 시도하지만, 쉽지가 않다. 미치는 참지 못하고 아들의 방을 찾아가 이유를 묻는다. 새미는 침묵 끝에 자신이 다듬은 캠핑 영상을 보여준다. 가족의 평범했던 순간들을 모았으나 영상 속에는 새미가 포착한 어머니와 베니의 애틋한 교감이 고스란히 담겨 있다. 이때 배경 음악으로 바흐의 협주곡이 다시 흘러나온다. ▶01:14

영상이 끝나자 미치는 깊은 죄책감과 슬픔에 북받쳐 새미를 끌어안고 오열한다. 음악은 가족의 침묵과 고백, 용서와 화해가 되어 퍼진다. 이 순간 바흐의 느린 선율은 애잔한 시 글픔이 아니라 끝내 서로를 이해하고 받아들이는 가족의 진짜 모습을 공명한다.

파벨만스 The Fabelmans

개봉 2023년

감독 스티븐 스필버그

출연 가브리엘 라벨, 미셸 윌리엄스, 폴 다노 외

국가 미국

장르 자전적 드라마

관람 등급 12세 이상 관람 가

요한 제바스티안 바흐 Johann Sebastian Bach, 1685~1750

마르첼로 오보에 협주곡에 의한 건반 협주곡 d단조, BWV974 중 제2악장 (매우 느리게)

작곡 연도 1713~1714년경(바이마르 시기)

장르 바로크 협주곡(건반 독주용 편곡)

감정 키워드 탄식, 고백, 침묵, 내면, 연결

작게 살면 더 나아질까

영화 <다운사이징>

바흐 <관현악 모음곡 2번>,

모차르트 <두 대의 피아노와 오케스트라 협주곡>

* 바흐와 모차르트 *

지구의 멸망을 막기 위해 '몸집을 줄인다'는 기발하면서도 유머러스한 해결책. 알렉산더 페인의 영화 <다운사이징>은 과잉 인구와 환경 파괴 문제를 해결하기 위해 인간의 몸을 극도로 축소하는 기술이 등장하면서 시작한다. 노르웨이 과학자 요르겐 박사(롤프 라스가드 분)가 인체를 0.0364%까지 줄이는 데 성공하는 순간, 실험실 안에는 바흐의 <관현악 모음곡 2번> 중 마지막 악장 '바디네리'(Badinerie)가 흐른다.

프랑스어로 '장난, 농담'을 뜻하는 바디네리는 밝고 활기찬 성격을 띠며 플루트의 경쾌한 선율과 정밀하게 얽힌 대위법적 구조가 특징이다. 이 음악은 실험의 긴장을 덮는 표면적인 장식이 아니라, 과학이 추구하는 엄밀함과 통제된 질서를 음악적으로 구현한다. 동시에 그 활기는 기술 혁신이 지닌 인간의 희망과 오만을 함께 드러낸다.

이어서 등장하는 모차르트의 <두 대의 피아노와 오케스트라 협주곡>의 3악장(론도 알레그로#)은 전혀 다른 정서를 보여준다. 두 대의 피아노가 주제를 주고받으며 변주하는 과정은 즐거운 대화와 유희의 장을 펼친다. 영화에서는 축소 장치가 작동을 멈추는 지점에서 이 곡이 절묘하게 겹친다. 론도(Rondo) 형식의 예측 가능한 반복 구조가 과학의 성공이 곧바로 손쉬운 쾌락으로 이어지는 현상을 음악적으로 압축한다.

바흐와 모차르트의 대비는 곧 영화의 주제와 맞닿는다. 바흐의 세밀한 짜임새가 과학의 질서와 이상을 함축하고, 모차르트의 민첩한 론도는 그 성취를 쉽게 희열의 대상으로 전락시키는 인간 욕망의 가벼움을 대변하는 것이다. 원래 인류 구원의 도구로 제시된 기술은 곧 '큰 집, 값싼 생활, 풍요로운 소비'라는 탐욕으로 전도되고, 주인공 폴(맷 데이먼 분) 역시 환

론도(Rondo)는 주제가 반복해서 돌아오고, 그 사이에 다른 선율(삽입부)이 교차하는 형식이다. 후렴처럼 익숙한 주제가 다시 등장해 활기와 명료함을 주며, '빠르게'(Allegro)라는 지시어가 붙어 경쾌하고 활달한 성격을 띤다.

경적 이상이 아니라 현실적 불안 때문에 다운사이징을 선택한다. 영화 초반에 삽입된 이 두 곡은 과학의 위대함과 인간 욕망의 가벼움이 맞부딪히는 지점을 압축하는 은유로 기능한다.

다운사이징을 택한 폴은 곧 물질적 유토피아에 진입한다. 작은 세계에서 그는 큰 저택과 풍족한 삶을 누리지만, 화면은 이내 다른 풍경을 노출한다. 그가 사는 호화로운 외곽 지역과 이웃한 높은 장벽 너머에는 강제 축소된 난민과 빈곤층이 몰려 살아간다. 새로운 사회는 불평등과 착취를 그대로 재현한 복제품이었다.

이 순간, 영화 초반의 음악적 대비가 다시 환기된다. 바흐가 상징했던 정밀함과 숭고함은 현실의 탐욕 앞에서 무너지고, 모차르트가 지닌 '놀이성'은 원래의 친밀한 맥락과 멀어진다. 실제로 <두 대의 피아노와 오케스트라 협주곡>은 모차르트가 누이 마리아 안나 모차르트(Maria Anna Walburga Ignatia Mozart, 1751~1829)#와 함께 연주하기 위해 쓴 곡으로 알려져 있다. 두 대의 피아노가 주제를 주고받고 때로는 경쟁하며 어울리는 형식은 가족적 친밀함을 반영한다. 그러나 영화 속에서는 이러한 원래의 '유희적 대화'가 기술 성취가 손쉽게 소비되는 아이러니를 드러내는 것으로 전환된다. 탄력적인 론도는 더 이상 친숙함을 담지 못하고, 축소된 세계에 만연한 소비 풍경을 드러낸다.

폴의 여정은 음악이 남긴 풍자를 따라간다. 그는 베트남 난민 녹 란 트란(홍 차우 분)을 만나 강제 축소, 장애, 빈곤의 현실을 직접 마주한다. 그를 돕는 과정에서 폴은 깨닫는다. 진짜 확장은 몸을 줄이는 기술이 아니라, 타인과의 연대로 마음의 반경을 넓히는 일이라는 것을. 마침내 그는 자신의 안락한 삶을 보장하는 선택지 대신 다운사이징 세계에서 만난 빈민들과 함께 남기로 한다.

영화의 메시지를 명확히 전하는 결말이다. 축소되어야 할 것은 몸이 아니라 갈망이다. 이를 가장 날카롭게 암시한 것이 바로 초반에 등장한 바흐와 모차르트의 음악이다. 폴의 깨달음과 선택이 남긴 울림은 음악의 여운 속에서 계속 이어진다.

\#　애칭은 '난네를'(Nannerl)이다.

다운사이징Downsizing

개봉 2018년

감독 알렉산더 페인

출연 맷 데이먼, 크리스틴 위그, 홍 차우, 크리스토프 왈츠

국가 미국

장르 SF, 코미디, 드라마, 사회 풍자

관람 등급 15세 이상 관람 가

요한 제바스티안 바흐Johann Sebastian Bach, 1685~1750

관현악 모음곡 제2번 b단조, BWV1067 중

제7곡 '바디네리'

작곡 연도 1739년경

장르 관현악 모음곡

감정 키워드 경쾌, 질서, 실험, 혁신, 아이러니

볼프강 아마데우스 모차르트 Wolfgang Amadeus Mozart, 1756~1791

두 대의 피아노와 오케스트라를 위한 협주곡, KV365 중
제3악장 '론도 알레그로'

작곡 연도 1779년

장르 피아노 협주곡

감정 키워드 속도, 유희, 소비, 공허

종결되지 못한 관계

영화 <히든페이스>

슈베르트 <교향곡 b단조>(미완성)

* 미완이라는 정체성 *

결혼을 앞둔 어느 날 약혼녀가 사라진다. 그리고 남자는 약혼녀와 살기로 했던 집에 새 연인을 데려온다. 시간이 흐르며 집 안 어딘가에 감춰진 비밀과 과거의 진실이 서서히 드러나고, 사랑과 집착, 배신이 뒤얽히며 반전으로 이어진다. 그래서일까. 슈베르트의 <b단조> 교향곡(미완성)은 극 중 인물들의 말하지 못한 비밀 혹은 끝을 알 수 없는 영화의 결말을 상징하는 듯하다.

이 영화는 슈베르트의 작품들로 채워져 있다. 영화 초반에 성진(송승헌 분)이 오케스트라 리허설에서 슈베르트의 <b단

조> 교향곡을 지휘한다. ▶00:03 제1바이올린의 악장이 튜닝을
끝내자 성진의 지휘에 모든 악기가 몰아치듯 강렬한 합주를
시작한다. 이 폭발은 말보다 먼저 관객의 감정을 두드린다. 그
리고 이 곡은 인물들의 정서가 억눌림에서 충돌로 옮겨가는
순간 다시 등장한다. 오해와 회피, 진심이 엇갈린다. 슈베르트
의 선율은 감정의 격류를 해석하지 않고, 그 자체로 흐른다.

　슈베르트는 왜 이 교향곡을 완성하지 못했을까? 매독으로
인한 건강 악화, 과도한 작업 부담, 3악장#의 스케치를 남겼
으나 끝내 방향을 잃어 포기했다는 설까지, 다양한 가설이 존
재하지만 정작 그는 아무 설명도 남기지 않았다. 공백은 미완
이라는 이 곡의 정체성으로 남았다.

　성진의 약혼녀인 첼리스트 수연(조여정 분)은 결혼에 대한
회의감을 영상으로 남긴 채 갑자기 사라진다. 그리고 수연이
있던 오케스트라 첼로 자리에 수연의 후배 미주(박지현 분)가
면접을 보러 와서 성진에게 자신의 첼로 연주를 담은 녹음 파
일을 건넨다. 성진이 파일을 재생하자 슈베르트의 <아르페지
오네 소나타 a단조, D821>(1824)이 흐른다. ▶00:08

\# 약 41분경, 약혼녀 수연과의 리허설에서 슈베르트의 미완성 교향곡 중 2악장(조용
　히 걷듯이, 그러나 약간 움직임 있게)도 등장한다.

이를 들은 성진은 흔한 곡이라며 깎아내리지만, 미주는 "저는 슈베르트를 제일 좋아해요. 제일 슬퍼서요"라고 말한다. 짧은 만남이지만 이 장면은 두 사람의 세계관과 거리감을 압축해서 보여준다. 성진은 음악을 평가의 기준으로 바라봤지만, 미주는 감흥의 무게로 음악을 선택했다. <아르페지오네 소나타>는 첼로와 피아노가 절제된 흐름 속에서 서로를 감싸며 고립된 슬픔과 감정을 드러낸다.

* 선율이 멈춘 자리 *

영화 초반 리허설 장면에 등장하는 슈베르트의 미완성 교향곡이 영화 전체를 끌어가는 곡이라면, <아르페지오네 소나타>와 <즉흥곡 제3번 G♭장조, D899>(1827)는 감정의 숨결을 따라 조용히 흐르는 곡이다.

성진은 미주를 처음 만난 날 집에서 미주의 연주를 다시 들으며 그와의 대화를 떠올린다. 그리고 급작스럽게 미주를 찾아가 자신이 무례했다며 사과하고 악단에 합류해달라고 청한다. 자신도 미주와 같은 이유로 슈베르트를 좋아한고도 말한다. 이후 두 사람은 빠르게 가까워진다.

미주는 성진과 가까워진 것에 죄책감을 느끼며 성진에게 더는 문자 메시지에 답하지 않겠다고 문자를 보낸다. 성진은 답을 보내는 대신 피아노 앞에 앉아 미주에게 전화를 걸어 아무 말 없이 <즉흥곡 3번>을 연주해 들려준다.▶ 00:28 미주는 이어폰을 꽂고 조용히 그 선율을 듣는다. 두 사람은 말없이 다시 연결되고, 곧이어 더 깊게 서로에게 다가간다. 즉흥곡의 서정적이고 부유하는 선율은 불안하고 조심스러운 감정의 진폭을 흡수하며 두 인물의 진심을 차분하게 밀어붙인다.

그리고 곧 영화는 3개월 전으로 거슬러 올라가 수연과 미주의 관계를 밝힌다. 성진의 무관심에 언짢아진 수연이 미주를 찾아가, 자신과 미주가 첫 키스했던 순간을 상기시키며 그날 이후 미주 외에 누구도 좋아한 적이 없다고 말한다. 그러면서도 수연은 성진이 자신이 떠난 후 슬퍼하는 모습을 보기 위해 미주와 둘만 알고 있는 집 안의 비밀 공간에 몰래 숨은 것이다. 그러나 미주는 열쇠를 바꿔버렸고, 수연은 그곳에 갇히고 만다.

이후 모든 진실을 알아버린 성진은 어지러운 상황에서 미완성 교향곡을 지휘한다.▶ 01:34 긴장감 있는 1악장이다. 숨겨진 진실이 드러나고 서로의 관계가 흔들리며, 인물들의 균열은 점점 명확해진다. 전 악기가 휘몰아치는 선율은 감정의 파국을 정조준하며 종말로 이끈다.

　전개는 있지만 종결은 없는 이 교향곡처럼 주인공들의 감정 역시 끝내 정리되지 않는다. 그 공백 속에 우리는 세 인물의 운명을 각자의 상상으로 채워 넣는다. 말하지 않은 감정들, 닿지 못한 진심, 나아가 마지막까지 흐르지 않는 선율이 오히려 이 영화에서 가장 선명히 기억된다.

히든페이스 Hidden Face

개봉 2024년

감독 김대우

출연 송승헌, 조여정, 박지현 외

국가 한국

장르 심리 스릴러, 멜로, 드라마

관람 등급 청소년 관람 불가

프란츠 슈베르트 Franz Schubert, 1797~1828

교향곡 제8번 b단조, D759

작곡 연도 1822년

장르 교향곡(2악장 구성)

감정 키워드 긴장, 갈등, 회한

냉소가 된 팡파르

시리즈 <오징어 게임> 시즌 3
하이든 <트럼펫 협주곡>

* 낯선 기상 음악 *

넷플릭스 역사상 최고의 시청률을 기록한 <오징어 게임>은 빚과 절망에 몰린 사람들이 어린 시절 놀이를 본뜬 치명적인 게임에 목숨을 걸고 뛰어드는 이야기다. 시즌 1에서 456번 성기훈(이정재 분)은 실직과 채무에 시달리다 생존 게임에 참가한다. 456명의 참가자가 '줄다리기', '달고나 뽑기', '무궁화 꽃이 피었습니다' 등의 게임을 거치며 탈락하면 죽고, 마지막까지 살아남은 한 명은 456억 원을 얻는다. 기훈은 동료들의 죽음을 목격하며 끝까지 살아남지만 모든 것이 권태에 찌든 상류층 VIP들의 유희였음을 알게 된 뒤 깊은 죄책감과 허무감에 빠진다. 시즌 2에서는 트라우마를 안은 기훈이 체제를 무너뜨리려 마음먹고 다시 게임에 참여한다. 일부 참가자들과 손잡고 프런트맨(이병헌 분) 조직에 맞서 반란을 꾀하지만, 조직의 압도적인 힘 앞에 처참히 무너진다. 시즌 3의 도입부는 바로 그 실패 직후를 그린다.

피투성이가 된 기훈이 어둠 속에서 수갑에 묶인 채 눈을 뜨는 순간, 익숙하면서도 낯선 음악이 공간을 가른다. 이 곡은 시즌 1의 1화▶00:31에서 기상 음악으로 처음 등장했고, 시즌 2의 3화에서 아침을 알렸으며, 시즌 3의 1화▶00:26에서도 어김없이 들려온다. 이번에는 원곡 악상을 거스른 느린 템포 위에 전자 노이즈와 불협화음을 덧입혀 음색이 일그러져 있다. 천장에서 울리는 이 기괴한 사운드는 더 이상 팡파르가 아닌, 포로를 깨우는 냉혹한 명령 신호다. 익숙했던 선율이 두려움으로 뒤집히는 전환의 지점이다. 낯선 변주는 자연스레 원곡의 주인, 하이든의 세계로 시선을 옮기게 한다.

하이든은 18세기 후반 고전주의 양식을 확립하며 조화와 질서, 합리적 발전의 상징이 되었다. <트럼펫 협주곡>은 1796년에 작곡했는데, 오스트리아의 트럼펫 연주자 안톤 바이딩거(Anton Weidinger, 1766~1852)가 발명한 '키드 트럼펫'(Keyed Trumpet)을 위해 썼다. 기존의 자연 트럼펫은 고정

된 자연 배음만 낼 수 있어 음계가 제한적이었으나, 바이딩
거가 관의 옆면에 작은 키(key)를 달아 반음계 전역을 자유롭
게 연주할 수 있게 하면서 음역과 기교가 획기적으로 확장됐
다. 하이든은 이 혁신적 악기에 매료되어 협주곡을 작곡했고,
초연 당시 청중은 신기술이 낳은 밝고 탄탄한 리듬, 팡파르풍
선율에서 미래에 대한 기대와 왕실의 위엄을 느꼈다. 오늘날
이 작품은 여전히 트럼펫 협주곡의 교과서적 레퍼토리로 꼽
힌다. 특히 3악장은 날렵한 리듬과 화려한 패시지로 새 악기
의 장점을 극대화했다.

* 규칙에 잠식된 감정 *

<오징어 게임> 시즌 3는 하이든의 고전적 팡파르를 냉소와
등골 서늘한 음향으로 전복시킨다. 시즌 1에서 기훈이 처음
게임장에서 깨어날 때는 팡파르가 새로운 게임의 시작을 알
리는 낙관의 신호처럼 쓰였다. 시즌 2에서는 설렘은 사라지
고 끝없는 순환과 불안을 암시하는 음향으로 들린다. 그리고
시즌 3는 호명(呼名)의 리듬이 왜곡되어 활력을 잃고 메마른
음향으로 울려 퍼지고, 참가자들은 버튼 눌린 인형처럼 침상

에서 몸을 일으킨다. 트럼펫이 원래 품고 있던 경쾌함과 의식(儀式)의 웅장함은 사라지고, 이상한 소리의 낮은 불협화음이 공간 전체를 지배한다. 잠시 원곡을 닮은 듯하다가 변조되는 전자음은 멜로디를 삼키며 기대와 현실 사이의 간극을 청각적으로 몰입시킨다.

경고도 축포도 아닌 명령이 된 음악은 화면을 넘어 우리에게까지 리듬을 새겨 넣는다. 우리는 그 소리에서 통제의 패턴을 학습한다. 당초 왕실의 격조와 이상을 상징하던 고전 음악이 무표정한 인간 군상을 일사불란하게 움직이게 하는 순간, 품격과 스산한 긴장감이 교차하며 섬뜩한 대비가 완성된다. 참가자들은 공포와 기대라는 감정을 느낄 겨를조차 없다.

고전의 품격이 체제의 언어로 바뀐 아이러니는 시리즈의 디스토피아적 세계관을 농축해 담아낸다. <오징어 게임>은 시즌이 거듭될수록 개인의 감정이 소거된 구조적 세계로 나아간다. 음악은 그 구조에 리듬을 부여한다. 고전 음악이 본래의 이상을 잃고 시스템의 언어로 변질될 때, 작품이 던지는 사회 풍자의 핵심이 가장 날카롭고 극적으로 드러난다.

<오징어 게임> 시즌 3 Squid Game 3

공개 연도 2025년

감독 황동혁

출연 이정재, 이병헌, 임시완 외

국가 한국

장르 스릴러, 사회 풍자, 생존 게임

관람 등급 청소년 관람 불가

프란츠 요제프 하이든 Franz Joseph Haydn, 1732~1809

트럼펫 협주곡 E♭장조 Hob.VIIe:1 중

제3악장 (빠르게)

작곡 연도 1796년

장르 협주곡

감정 키워드 경고, 체념, 시스템, 명령, 냉소

지워진 소음

드라마 <재벌집 막내아들>
드보르자크 <교향곡 4번>

* 음악으로 만든 은신처 *

드라마 <재벌집 막내아들>은 '현재의 기억을 가진 채 과거로 돌아간다'는 타임리프 설정을 기반으로 대한민국 정재계를 장악한 재벌 일가의 이면을 파고든다. 주인공 윤현우(송중기 분)는 순양그룹의 충직한 직원으로 살아가지만, 내부 비리를 덮기 위한 음모에 휘말려 끝내 죽임을 당한다. 그러나 죽음 이후 다시 눈을 뜬 그는 자신을 제거한 가문의 막내 손자 진도준(송중기 분)의 몸으로 깨어나고, 과거의 지식과 기억을 무기 삼아 냉혹한 복수극을 펼친다. 그 복수의 무대 한가운데에는 진화영(김신록 분)이 있다. 그는 순양그룹 창업주 진양철

(이성민 분) 회장의 외동딸이자 순양 백화점의 사장이다. 언제나 허세와 품격만 중요시하며 '여성 리더십'의 상징을 망가뜨리는 캐릭터로, 자신의 권력이 위태로워질 때마다 늘 충동적으로 행동한다.

9화에서 화영은 백화점 직원들이 부당 해고에 반발하며 벌이는 집단 시위를 마주한다.▶9화, 00:50 구호와 외침이 건물 전체에 메아리치고, 화영은 농성 장면을 뒤로한 채 엘리베이터 안에서 고상한 척 눈을 감으며 귀에 이어폰을 꽂고 외부의 소리를 차단한다. 그가 듣는 곡은 안토닌 드보르자크의 <교향곡 4번> 1악장이다. 낭만주의적 긴장과 무거운 화성 진행이 이어폰 너머로 흐른다.

군중은 절박한 생존을 외치지만, 화영은 폭풍 전의 정적 속에 은신한다. 이어폰을 꽂는 행위는 불편한 책임과 현실을 기피하려는 심리적 조율이며, 음악은 그가 구축한 격리막이다. 그렇게 만들어진 고요 속에서 화영의 권력 감각은 완성된다.

* 불안한 웅장함 *

드보르자크의 <교향곡 4번>은 1874년에 완성된 그의 초기 교향곡 가운데 하나로, 민족주의적 색채보다는 유럽 고전주의의 전통을 기반으로 한다. 특히 요하네스 브람스의 음악적 정신이 짙게 드리워진 이 작품은 체코의 토속적 정서와는 다르게 비극적 긴장과 구조적 완성도를 우선시하는 면모를 보여준다. 1악장은 음울한 도입부로 시작한다. 현악기의 낮고 불안정한 음형이 중첩되며 초조한 분위기를 만들고, 이후 목관과 금관이 강하게 맞부딪치는 대목에서는 다층적 긴장이 폭발 직전처럼 휘몰아친다. 이때의 '장대함'은 화려한 영광의 서사와 다르다. 음향은 늘 팽팽하고, 고조되지만 어디로도 풀리지 않는다. 마치 감정의 결말이 허락되지 않는 구성처럼 악장은 끊임없는 밀도와 충돌로 관객을 조인다.

이 점이 바로 화영의 심리와 절묘하게 맞물린다. 그는 경영자로서 외형적 성공을 이루었지만 가족과의 경쟁, 내부 배신, 시대적 흐름 앞에서 늘 위태롭다. 음악이 울려 퍼질 때 그의 안에는 두 개의 세계가 교차한다. 하나는 단단하게 조율된 리더의 페르소나이고, 다른 하나는 언제든 무너질 수 있는 인간적 두려움이다.

드보르자크와 브람스의 관계를 떠올려봐도 이 교향곡은 평면적인 작품이라 할 수 없다. 브람스는 인간의 존엄과 윤리를 중심으로 교향곡을 구축#했고, 드보르자크는 그 존엄이 위협받는 경계에 선 인간을 탐색##했다. 그 결과 이 곡은 사회에서 점점 고립되는 개인의 심리를 더욱 섬세하게 파고든다. 화영도 마찬가지다. 그는 내부 권력 다툼 속에서 점점 혼자가 되어가고, 윤리보다 효율을 앞세워야 하는 조직의 이면에서 인간성과 거리를 둔다.

그 혼란은 음악이 멈추는 대목에서 가장 선명하게 드러난다. 사무실에서 조카 도준을 마주한 순간, 화영은 이어폰을 거칠게 뺀다. 통제의 리듬이 끊기자 음악은 방어가 아닌 폭로가 된다. 드보르자크의 묵직한 관현악이 끝나자 화영의 권력 역시 소멸로 전환된다. 음악은 더 이상 화영을 보호하지 않고, 오히려 감추던 불안을 드러내는 증거가 된다.

따라서 드보르자크의 관현악은 화영의 내면을 정밀하게 조명한다. 구조와 질서, 고전적 형식의 무게 속에서 숨 막히는 고독과 위기의식###을 드러낸다. 그리고 그 긴장은 비단 화영만의 이야기가 아니다. 복잡한 사회 안에서 우리 모두 어

\#　인간이 도덕적 품위와 내적 질서를 지키며 살아가는 방식을 음악적으로 구현했다는 의미다.

\##　인간이 무너질 듯 버티는 그 위태로운 지점을 음악으로 그렸다는 의미다.

\###　드보르자크가 브람스로부터 물려받은 고전적 형식의 틀, 즉 엄격한 구조와 질서 속에서 감정의 폭발 대신 내면의 긴장과 고독을 드러낸다는 뜻이다.

느 때엔가 이어폰을 귀에 꽂고 세상을 밀어낸 적이 있다. 그
러므로 이 장면은 우리 자신의 감정과도 이어져 있다.

재벌집 막내아들 Reborn Rich

공개 연도 2022년

감독 정대윤

출연 송중기, 이성민, 신현빈, 김신록 외

국가 한국

장르 정치 드라마, 복수극, 판타지

관람 등급 15세 이상 관람 가

안토닌 드보르자크 Antonín Dvořák, 1841~1904

교향곡 제4번 d단조, Op.13 중

제1악장 (빠르게)

작곡 연도 1874년

장르 교향곡

감정 키워드 위엄, 통제, 회피, 자기 방어, 강박적 질서

2부

때로는 대사보다 긴 여운

성악

조용한 이해

영화 <두 교황>

스메타나 오페라 <키스>

* 달빛 아래 첫 균열 *

영화 <두 교황>은 가톨릭교회의 두 중심인물이 겪는 갈등과 화해를 따라간다. 서로 다른 신념, 신을 향한 각기 다른 방식의 길. 한 사람은 전통과 권위를, 다른 한 사람은 개혁과 참여를 추구하며 서로 다른 신념을 드러낸다. 영화는 교황 베네딕토 16세(앤서니 홉킨스 분)와 교황 프란치스코(조너선 프라이스 분) 사이의 대립과 충돌을 통해 믿음과 고백, 용서의 무게를 포착한다.

영화는 시작부터 우리에게 질문을 던진다. 전통을 지킬 것인가, 아니면 개혁을 이끌 것인가? 콘클라베(Conclave)#를 위해 성직자들이 하나둘 속속 도착한다. 화면은 곧 화장실로 전환된다. 화장실에서 베네딕토가 손을 씻는 사이 프란치스코가 아바의 <댄싱 퀸>을 휘파람으로 불며 들어온다. ▶00:05 베네딕토가 무슨 곡이냐고 묻자 프란치스코는 미소를 지으며 아바의 노래라고 답한다. 그 순간부터 두 인물이 가진 세계관의 차이가 드러난다. 이어 콘클라베가 진행되며 성스러운 성가와 <댄싱 퀸>이 교차해 흐르면서 두 교황의 대비된 신념을 음악적으로 암시한다. 이후 베네딕토가 새 교황으로 선출되고, 프란치스코는 창밖을 바라보며 "교황님을 위해 기도하겠습니다"라고 중얼거린다.

시간이 흐르며 베네딕토 교황에 대한 여론은 점차 부정적으로 기울기 시작한다. 이때 들려오는 음악은 <베르가마스크 모음곡>(1890년경##) 중 제3곡 '달빛'이다. ▶00:15 그러나 이는 단순한 배경 음악이 아니다. 화면은 하얀 커튼 뒤로 베네딕토가 직접 피아노를 연주하는 장면을 비춘다. '달빛'은 낭만주의

로마 가톨릭교회에서 새 교황을 선출하기 위해 추기경들이 비밀리에 모이는 회의를 의미한다. 이는 추기경들이 외부와 차단된 상태에서 투표를 진행한다는 뜻을 담고 있다.
드뷔시는 이 작품을 출판하기 직전까지 수정을 거듭했다. 최종 출판은 1905년에 이루어졌다.

말기의 서정적 선율과 전통적 구조 위에 드뷔시가 훗날 전개할 인상주의적 색채가 희미하게 스며든 과도기적 작품이다. 선율은 낭만주의에 닿아 있고, 조성의 유동성과 화성의 흐릿함에서는 인상주의의 징후가 엿보인다. 드뷔시는 이 곡을 프랑스 상징주의 시인 폴 베를렌의 시집《감상적인 산책자》(1869)에 실린 시 <달빛>에서 영감을 얻어 작곡했다. 시 속에는 가면무도회에서 "광대들이 슬픔을 감춘 채 춤추는" 장면이 묘사된다. 겉보기엔 고요하고 우아하지만, 그 이면에 허무와 고립이 숨어 있다는 상징이다. 영화 속 '달빛'은 바로 이러한 이중적 정서를 통해 교황직의 무게 아래 드러내지 못한 베네딕토의 불안과 고독을 음악으로 대변한다.

* 스메타나의 그림자 *

두 사람의 본격적인 대립은 프란치스코가 교황이 머무는 여름 별장으로 가면서부터 시작된다. 여전히 서로의 의견 차는 극명하다. 이는 확고한 보수와 진보의 구도를 보여준다. 서로 물러섬이 없는 분위기이나, 오히려 자존심이 강한 베네딕토가 프란치스코와 더 대화를 나누고 싶어 한다. 첫날 밤, 프란치스코가 머무는 공간에 베네딕토가 찾아가 다시금 소통을 시도한다. 베네딕토의 태도는 낮과 달리 유연해져 있다.

프란치스코의 방에는 피아노 한 대가 놓여 있다.▶00:47 베네딕토는 피아노를 연주하며 프란치스코에게 자신이 좋아하는 체코 음악이 베드르지흐 스메타나#의 <자장가>라고 소개한다. 그는 연주를 잠시 멈추고 스메타나가 아주 비극적인 삶을 살았다는 이야기를 전하며 재차 피아노 건반을 누른다. 그러나 이 곡은 스메타나의 자장가가 아니다. 스메타나의 작품 중 <자장가>라는 제목이 붙은 곡은 그의 오페라 <키스>##에 나오는 주인공 벤둘카의 아리아, '자요, 나의 작은 천사여'가 유일하다. 그리고 영화 속 연주곡은 이와 전혀 무관하다. 놀랍게도 영화에서 베네딕토가 연주하는 곡은 배우 앤서니 홉킨스의 창작곡이다. 그는 원래 대본에 있던 모차르트의 곡을 대신해 자신이 작곡한 곡을 연주했고, '스메타나'###에 대한 대사를 직접 남긴 것이다. 홉킨스는 실제로 피아노 연주에 능하

체코 낭만주의 음악을 대표하는 작곡가다. 오페라 <팔린 신부>, 교향시 <나의 조국> 등이 유명하다.
체코의 희극 오페라다. 루카시가 아내가 죽은 뒤 벤둘카와 재혼하려 하지만, 결혼 전에 키스하지 말라는 오래된 풍습 때문에 갈등을 겪는다는 내용을 담고 있다. 결국 오해와 갈등을 풀고 두 사람이 행복하게 결합한다.

고, 클래식 음악을 사랑하는 배우로 잘 알려져 있다.

이 짧은 연주는 음악적 행위를 넘어선다. 특히 베네딕토가 스메타나의 비운의 생애를 언급한 것은 자신의 쓸쓸함과 고통을 암시하는 고해처럼 들린다. 실제로 스메타나는 두 딸과 아내를 잃었고, 말년에는 청력을 완전히 상실한 채 비극적으로 생을 마감했나. 스메타나의 비극에 베네딕토는 자신을 투영했을 테다. 그리고 피아노 앞에 앉아 <자장가>라 불리는 잔잔한 선율을 연주하며 그늘진 마음을 은연히 건넨 것이다. 프란치스코는 그 연주에 귀 기울이며 자신의 과거 과오를 떠올린다. 베네딕토는 연주로 뜻을 건넸고, 프란치스코는 조용한 이해를 느꼈다. 선율은 자장가처럼 두 사람을 잇는 고요한 다리가 된다.

드뷔시의 '달빛'이 베네딕토의 사적인 선율이었다면, 그가 프란치스코에게 들려준 <자장가>는 서로 다른 두 세계가 만나는 유일한 통로다. 영화 <두 교황>은 음악이라는 공통의 언어로 두 사람의 거리를 좁혀나가며 관객들에게 존중과 공존이 지닌 힘을 생각하게 한다.

이러한 설정은 제작진의 오류라기보다는, '스메타나'라는 이름이 가지는 감정적 상징성과 베네딕토의 정서 상태를 연결하려는 연출적 장치로 해석할 수 있다.

두 교황 The Two Popes

개봉 2019년

감독 페르난두 메이렐리스

출연 앤서니 홉킨스, 조너선 프라이스 외

국가 영국, 이탈리아, 아르헨티나

장르 드라마, 전기

관람 등급 12세 이상 관람 가

베드르지흐 스메타나 Bedřich Smetana, 1824~1884

오페라 <키스> 중 제1막

'벤둘카의 자장가'(자요, 나의 작은 천사여)

작곡 연도 1875~1876년

장르 오페라

감정 키워드 고요, 상실, 고백, 침묵, 이해

영원과 순간 사이

영화 <아마데우스>

모차르트 <레퀴엠>

* 불공정한 신 *

여전히 이 작품을 뛰어넘는 음악 영화는 없다. 질투, 신앙, 예술 그리고 천재성의 본질에 대해 논하는 <아마데우스>는 40년 만에 4K 리마스터링 버전으로 재개봉했다. 이는 완벽에 다가선 하나의 계시처럼 보인다. 밀로스 포만이 1984년에 창조한 이 걸작이 2025년의 관객 앞에 다시 서는 것은, 마치 모차르트의 음악이 시대를 초월해 영원히 메아리치는 것처럼 느껴진다. 이번 상영은 국내 최초로 감독의 오리지널 버전을 온전히 만날 수 있는 기회이자 디지털 시대에 아날로그적 숭고함을 재발견하는 여정이기도 했다. 포만 감독이 의도한 시각적

언어가 되살아나 촛불의 떨림, 의상의 자수까지 한층 실재감 있게 다가온다.

<아마데우스>의 진정한 주인공은 모차르트(톰 홀스 분)가 아니라 살리에리(F. 머레이 아브라함)다. 이 인물은 대립자에 그치지 않고 우리 모두의 현실적 비탄을 대변한다. 살리에리는 자신의 경건한 노력과 헌신에도 불구하고 천재성이 모차르트에게 주어진 것을 '신의 불공정함'으로 받아들인다. 그의 질투는 계몽주의 시대 신앙과 이성의 모순을 드러낸다. 영화 첫 장면에서 살리에리는 "모차르트! … 내가 자넬 죽였네. 용서해주게!"라고 외치는데, 이때 <교향곡 25번 g단조, K183>(1773) 중 1악장(빠르고 힘차게, Allegro con brio#)의 극적이고 어두운 선율이 울려 퍼진다. 그리고 관객은 그의 절망과 신념의 붕괴를 생생히 목격한다. 살리에리는 묻는다.

"신이 정의롭다면 왜 나의 경건함보다 모차르트의 방탕함을 선택했는가?"

이 질문은 40년이 지난 지금까지도 여전히 선명하게 전달

\# 모차르트가 이 템포를 사용한 것은 그의 50여 곡의 교향곡 장르 중 <25번> 교향곡 1악장이 유일하다. 이러한 템포 지시는 당시로서는 매우 이례적인 선택으로 평가되며, 젊은 모차르트의 열정적이고 개성 넘치는 음악적 시도를 엿볼 수 있는 중요한 지점이다.

된다. 모차르트 교향곡의 화성(harmony)이 시간이 흘러도 변치 않는 완벽함을 보여주는 것처럼.

새로운 버전에서는 모차르트를 더욱 생생하게 느낄 수 있다. 그의 천진함과 천재성 그리고 죽음을 향한 공포가 한 프레임 안에 공존한다. 특히 그가 <레퀴엠>을 구술하는 장면에서의 표정 변화는 고화질이 아니었다면 놓쳤을 미세한 감정의 스펙트럼을 보여준다. 고통스러워하면서도 곡에 몰입하는 그의 모습에서 시청자는 참된 예술가의 운명을 보게 된다.

음악학적으로 <레퀴엠>은 모차르트 작풍의 집대성이다. 바로크 시대의 대위법적 전통과 고전파 화성기법의 혁신이 완벽하게 결합돼 있다. 제3부 부속가(Sequentia)# 중 1곡 '분노의 날'(Dies Irae)의 장엄함과 부속가 5곡 '사악한 자들의 혼란'(Confutatis)의 대비적 정서는 인간 감정의 전 범위를 보인다. 특히 모차르트가 병상에서 '사악한 자들의 혼란'을 작곡하는 장면은 압도적이다. 모차르트는 쇠약한 몸으로 머릿속의 선율을 불러주고, 살리에리는 숨 가쁘게 그것을 받아 적는다. 살리에리는 악보를 모차르트에게 확인받으며 천재의 고통스러운 영감을 필사적으로 따라간다.

로마 가톨릭 진혼 미사의 핵심 부분으로 가장 길고 극적인 악장이다.

그리고 부속가 6곡을 쓰기 직전 모차르트가 기진맥진해 쓰러지는데, 바로 그 이후에 흐르는 미완의 선율이 화면을 압도하며 관객에게 강력한 여운을 남긴다. 이처럼 영화 속 <레퀴엠>은 죽음을 향한 작곡 행위 그 자체를 파토스적으로 구체화한다.

* 죽음이 완성한 영원 *

모차르트는 죽음과 동시에 영원을 창조했다. 그의 육체는 소멸했지만, 그가 남긴 음악은 시간을 초월한다. 하이데거(Martin Heidegger, 1889~1976)#가 말한 "존재와 시간"의 역설이 이보다 아름답게 형상화된 적이 있을까? 극 후반에서 주목해야 할 부분은 <레퀴엠>을 받아쓰는 살리에리의 역할이다. 그는 모차르트의 천재성을 증오했지만, 결국 그 천재성의 마지막 증거를 기록하는 증인이 된다. 이는 심오한 모순이다. 살리에리는 모차르트를 파멸시키려 했지만, 결과적으로는

독일의 실존주의 철학자. 대표작 《존재와 시간》에서 인간을 '죽음을 향한 존재'로 규정하고, 유한한 시간 속에서 영원한 가치를 창조하는 존재론적 역설을 탐구했다.

그의 불멸성을 도와주는 꼴이 된 셈이다. 죽음의 작품을 의뢰한 자와 그것을 작곡하는 자 사이의 기묘한 공생 관계는 생과 사, 창조와 파괴의 변증법을 보여준다.

영화는 이런 철학적 주제를 보다 강렬하게 구현하기 위해 역사적 사실을 과감히 각색했다. 모차르트와 살리에리는 적대적 관계가 아니었지만, 영화는 살리에리를 <레퀴엠> 작곡 과정에 직접 개입시켜 더욱 격렬한 드라마를 만들어낸다. 실제로는 발제크-슈투파흐 백작이 선금으로 50두카트(현재 한화 약 7500만 원)를 먼저 지불했지만, 영화에서는 살리에리가 가면을 쓰고 100두카트에 의뢰하는 것으로 바꾸었다.

모차르트가 마지막 순간 살리에리에게 "잠시 쉬고 싶다. 그 다음에 라크리모사를 끝내자"라고 말한 뒤 아내와 아들 그리고 숙적 앞에서 숨을 거두는 장면은 순전한 영화적 창조다. 하지만 천재와 범재, 창조와 질투가 만나는 인간 드라마의 본질을 탁월하게 포착해낸 것이다. 이 장면에 부속가 6곡 '눈물의 날'(Lacrimosa)#이 흐르면서 우리는 인간의 유한함과 예술의 무한함이 만나는 지점을 진지하게 목도할 수밖에 없다. 모

모차르트가 직접 작곡한 마지막 부분으로 첫 8마디까지만 작곡했고, 나머지는 제자 쥐스마이어가 완성했다.

차르트의 <레퀴엠>이 미완성으로 남겨진 것은 예술사의 비극인 동시에 축복이다. 그 미완성성 덕에 이 명작은 끝없는 해석의 여지를 남겼다.#

영화 마지막에 모차르트가 무연고 무덤에 묻히는 장면은 그야말로 경악스럽다.## 그토록 아름다운 음악을 남긴 천재가 초라한 죽음을 맞는다는 역설, 그러나 바로 그 순간 <레퀴엠>의 선율이 깃들며 관객은 깨닫는다. 모차르트의 무덤은 바로 그가 남긴 음악 그 자체라고.

실제로 모차르트의 <레퀴엠> 완성은 복잡한 과정을 거쳤다. 모차르트 사후 부인 콘스탄체는 경제적 이유로 완성을 절실히 원했지만, 대부분의 작곡가가 부담을 느껴 거절했다. 먼저 모차르트가 높이 평가하던 제자 요제프 아이블러(Josef Eybler, 1765~1845)에게 의뢰했으나, 그는 '분노의 날'과 '사악한 자들의 혼란'(Confutatis)의 오케스트레이션과 '눈물의 날' 일부만 손댄 뒤 포기했다. 이후 여러 작곡가에게 의뢰했지만 결국 또 다른 제자인 쥐스마이어가 맡게 되었다. 그는 모차르트가 죽기 전까지 함께 있었으며, 모차르트의 스케치와 구상을 직접 들었을 가능성이 높다. 현재 학자들은 쥐스마이어가 모차르트의 잘츠부르크 시절 미사곡들을 참고해 최대한 모차르트의 스타일을 살려 완성했다고 본다.

영국의 현대 역사학자 로버트 와일드(Robert Wilde)에 따르면, 모차르트는 "중산층 개인을 위한 관습적 매장 관행"에 따라 매장되었으며, 무연고 무덤이 아니었다. 모차르트 매장에 대한 오해는 당시 빈의 장례 관습에서 비롯되었다. 당시에는 매장 공간 확보를 위해 5~15년 후 무덤을 파헤쳐 뼈를 재매장하는 것이 일반적 관행이었기 때문이다. 따라서 영화에서 묘사한 초라한 죽음은 역사적 사실과 다른 예술적 각색이다.

아마데우스 오리지널 리마스터링**Amadeus**

개봉 2025년

감독 밀로스 포만

출연 F. 머레이 아브라함, 톰 훌스, 엘리자베스 베리지 외

국가 미국

장르 전기 드라마

관람 등급 12세 이상 관람 가

볼프강 아마데우스 모차르트**Wolfgang Amadeus Mozart, 1756~1791**

레퀴엠 d단조, K626

작곡 연도 1791년

장르 종교 음악, 진혼 미사곡

감정 키워드 죽음, 영원, 구원, 비극, 숭고

기도인가, 조롱인가

영화 <더 배트맨>

슈베르트 <아베 마리아>

* 어둠의 기도 *

영화 <더 배트맨>은 핼러윈 밤, 고담시 시장 돈 미첼 주니어가 자택에서 잔혹하게 살해되는 장면으로 시작된다. 이때 울려 퍼지는 음악이 슈베르트의 <아베 마리아>다. 관객은 충격적인 살인과 신성한 멜로디를 동시에 맞닥뜨린다. 슈퍼히어로물의 관습적인 화려함 대신 영화는 정적과 음울함 속에서 출발한다. 브루스 웨인(로버트 패틴슨 분)은 배트맨이라는 그림자로 더 자주 드러나고, 도시에는 빛보다 어둠이 길게 눌러앉아 있다. 이 장면에 겹쳐진 슈베르트의 음악은 정의의 송가가 아니라 불길한 예언처럼 무게를 더한다.

<아베 마리아>는 1825년에 작곡된 가곡으로, 스코틀랜드 시인 월터 스콧의 서사시 <호수 위의 여인>(1810)에 포함된 엘렌의 기도 장면을 바탕으로 한다. 이후 전통적인 성모송 기도문과 결합되며 널리 '아베 마리아'로 알려졌다.# 음악은 차분하게 시작해 점차 고조되며 간절함과 긴박함을 함께 품는다. 가사 속 화자는 위험에서 벗어나 평온에 이르길 바란다. 곧 신에게 바친 호소의 노래다.

하지만 영화에서는 이 음악이 전혀 다른 의미로 비틀린다. 빌런 리들러(폴 다노 분)가 등장할 때마다 음악은 원래의 조성은 유지하되 의도적으로 느려지고, 불협화음이 겹치며 음영이 짙어진다. 성스러움은 거꾸로 뒤집히고, 멜로디는 조롱과 광기의 음향으로 변한다. 리들러의 범행 장면에서 흐르는 <아베 마리아>는 그가 주장하는 정의가 얼마나 괴상하게 뒤틀려 있는지를 웅변한다.

배트맨은 내내 "정의와 복수 중 무엇을 택할 것인가"라는

이 곡의 원래 제목은 <엘렌의 세 번째 노래>(Ellen's Third Song)로 슈베르트의 연가곡집 《호수 위의 여인에서 가져온 노래들》(Gesänge aus "Walter Scotts Fräulein vom See") 가운데 세 번째 곡이다. 가사 속 엘렌은 성모에게 보호를 구하는 인물로, 후대에 이 선율이 라틴어 성모송 기도문과 결합되며 오늘날의 <아베 마리아>로 정착했다.

질문 앞에 선다. 영화는 빛을 거의 허락하지 않은 채 인물들의 심리적 긴장을 압축한다. 그 속에서 <아베 마리아>는 반복 등장하며 브루스의 혼란과 죄책감을 증폭시킨다. 애초 종교적 노래였던 악곡이 고담의 슬픔과 부패를 뒤덮는 위태로운 테마로 바뀌는 것이다. 그리하여 이 음악은 더 이상 기도가 아니다. "옳음이란 무엇인가, 응징은 정당화될 수 있는가?"라는 물음표로 남는다. 이 전복적 사용은 배트맨의 본질을 다시 규정한다. 그는 초인이 아니라 죄와 고립, 분노와 속죄 사이에서 방황하는 인간이다. 투명한 음선은 훼손된 반복을 거치며 고담의 타락과 배트맨의 균열된 내적 세계를 비추는 심층 장치로 새롭게 기능한다.

* 슬픔과 속죄로 번진 선율 *

브루스는 시장의 장례식에 참석한다. 한 시민은 부패한 정치인의 죽음이 마땅한 결과라며 냉소하고, 새 시장 후보 벨라 리얼(제이미 로슨 분)은 브루스에게 변화를 촉구한다. 교회 안을 채우는 소년 합창단의 <아베 마리아>는 잿빛 도시와 대비되는 맑은 음색으로 번진다. ▶01:01 그 소리는 브루스의 마음

깊숙한 곳에 자리했던 죄의식과 참회의 욕망을 불러낸다. 어린 시절의 상흔, 배트맨이라는 가면 뒤에서 폭력으로 도덕을 실행해온 모순이 은밀히 반사된다.

이후 영화는 배트맨과 강력계 형사 제임스 고든(제프리 라이트 분)이 리들러의 암호를 쫓는 탐정극의 톤으로 전환된다. 영웅이라기보다 수사관에 가까운 모습의 배트맨은 고담 범죄 조직의 실체에 다가서며 더 어두운 진실로 빨려 들어간다. 특히 고담을 장악한 보스 카마인 팔코네(존 터투로 분)를 통해 아버지 토머스 웨인에 관한 비밀을 알게 되면서 브루스는 가문의 신념마저 의심하게 된다. 인물의 마음이 동요하는 지점마다 슈베르트의 그림자가 다시 길어진다.

<아베 마리아>의 선율은 체포된 리들러가 감옥에 수감된 채 브루스와 대면하는 장면에서 극적 효과의 정점을 보여준다.▶02:20 리들러는 브루스의 정체를 꿰뚫은 듯 조롱 섞인 태도로 직접 <아베 마리아>를 흥얼거린다. 본디 성모에게 바치는 간곡한 청원이 악인의 광기와 포개지며 섬뜩한 아이러니를 만든다. 노래는 구원 대신 공포, 신앙 대신 변질된 신념을 부각하고, 명분과 격정의 경계를 흔든다. 리들러에게 이 곡은 범죄를 합리화하는 자기 최면이자 배트맨의 무력감을 찌르는 날선 흉기다. 선율은 여전히 아름답지만, 맥락이 흐트러지

자 서늘한 비웃음처럼 들린다.

음악은 리들러의 은신처에서 마지막 단서를 찾는 순간 또한 번 변주된다. 원래의 차분한 아르페지오와 부드러운 화성 대신, 전자적 질감과 음향적 마찰을 덧입힌 음향이 흐른다. 이 초조한 사운드는 리들러가 숨긴 온라인 영상과 파괴적 계획이 밝혀지는 타이밍과 맞물려 압박감을 극대화한다. 한때 평온을 기원하던 성가는 이제 혼돈의 전조가 된다.

엔딩에서 카메라는 도시 위의 배트맨을 길게 비춘다. 대사는 사라지고, 다시 <아베 마리아>가 잔향처럼 깔린다. 여기서 이 곡은 외부를 향한 호소가 아니다. 리들러가 비튼 성가, 합창이 전한 청아한 속삭임, 전자적으로 탈바꿈된 불안한 선율이 뒤섞이며 남는 것은 스스로를 향한 속죄와 고백이다. 정의와 복수 사이에서 흔들리던 그는 끝내 영웅이라는 호칭 대신한 인간으로서의 짐을 짊어진다. 잔혹한 세계 속에서도 놓지 못한 순정, 그 위에 남은 침묵의 간청은 영화의 마지막 울림으로 남는다.

더 배트맨The Batman

개봉 2022년

감독 맷 리브스

출연 로버트 패틴슨, 조 크라비츠, 폴 다노 외

국가 미국

장르 범죄, 드라마, 누아르, 슈퍼히어로

관람 등급 15세 이상 관람 가

프란츠 슈베르트Franz Schubert, 1797~1828

가곡집 <호수의 여인, Op.52> 중

제6곡 '엘렌의 노래 III '(아베 마리아, D839)

작곡 연도 1825년

장르 리트(Lied, 독일의 시에 선율을 붙인 예술 가곡)

감정 키워드 기도, 고백, 침묵, 슬픔, 용서

사랑과 공허

영화 <테이큰 2>

튀르키예 음악 <입술에 남은 갈망> & <허망함>

* 입술에 남은 갈망 *

만약 당신의 가족이 해외여행 중 납치극에 휘말린다면? 이 가정은 <테이큰> 시리즈의 근간을 이루는 공포다. 전편에서 전직 특수 요원인 브라이언 밀스(리암 니슨 분)에게 당한 알바니아 인신매매 조직원들의 가족이 복수를 다짐하면서 <테이큰 2>의 이야기가 시작된다. 그들은 브라이언과 그의 전 부인 레니(팜케 얀센 분)를 납치해 이스탄불의 외딴 감옥에 가두고, 딸 킴(매기 그레이스 분)을 납치하는 데는 실패한다. 이윽고 양 팔이 역기에 묶인 채 매달린 브라이언이 어두운 감옥에 갇혀 있는 모습이 비춰진다. 이때 브라이언이 처음 마주한 소리는 악당들의 고함도, 불쾌한 소음도 아니다. 감옥을 지키던 경비 옆 라디오에서 흘러나오는 튀르키예 더빙 전문 가수 벨크스 외제네르의 노래 <입술에 남은 갈망>이다. ▶00:38

노래는 "그대의 입술 위에 갈망이 머물고, 내 마음은 불타오른다"라는 가사를 담고 있다. 사랑의 열망을 노래하는 부드러운 선율은 폭력과 감금이라는 현실과 극단적으로 충돌한다. 이 극명한 대비가 장면의 위화감을 배가시키고, 관객은 차갑고 위협적인 공간 속에서 오히려 더 강렬한 불안을 체험한다.

브라이언은 발 쪽에 미리 숨겨놓은 비상 휴대폰으로 킴과 교신을 시도한다. 그는 딸에게 미국 대사관으로 가라고 지시하지만, 킴은 아버지를 돕겠다며 말을 듣지 않는다. 브라이언은 그런 딸에게 자신의 위치를 파악할 방법을 알려준다. 그는 킴에게 사람이 없는 주차장에 수류탄을 던지게 하고, 그 폭음으로 소리의 방향을 파악한다. 중간중간 들리는 튀르키예의 낯선 사랑의 멜로디는 부녀의 생존을 위한 공조 작전에 분위기를 더한다. 킴은 아버지의 지시에 따라 호텔 방에 있는 지도를 꺼내고, 구두끈으로 컴퍼스를 만들어 방위와 거리를 계산하며 아버지의 위치를 찾아나간다. 사랑의 노래는 폭력의 한가운데서도 끈끈한 가족의 신뢰와 연대를 은밀히 환기시키기도 한다.

뒤이어 분노에 찬 조직의 보스가 감방으로 들어와 브라이언을 취조할 때도 이 노래는 희미하게 계속된다. 거친 압제 속에서도 끊기지 않는 사랑의 선율은 대조적으로 '일상의 목소리'처럼 들린다. 감옥 안에서는 죽음의 위기가 이어지지만, 바깥은 평범한 노래처럼 흘러가고 있는 것이다. 이 곡은 브라이언이 감옥을 탈출하는 순간 끝을 맺는다. 그의 탈출과 함께 사라지는 <입술에 남은 갈망>은 감옥, 가족, 폭력, 사랑이라는 상반된 키워드들을 하나로 묶어내는 이야기의 기조를 형성한다.

* 허망함 *

영화 후반부, 브라이언이 악당들의 본거지에 침투해 레니를 구출하고자 격렬한 전투를 벌인다. 그사이 악당들은 레니를 끌고 달아나고, 브라이언은 이스탄불 시장 거리를 누비며 그들을 쫓는다. 추격하며 들어선 어느 상점에서 또 한 곡의 튀르키예 음악이 흐른다.▶ 01:15 튀르키예의 대표적 민속 보컬리스트 사바하트 아크키라즈의 노래 <허망함>이다. 아나톨리아(Anatolia)# 민속 노래인 이 곡은 삶의 상실감과 체념을 노래한다. "내 마음은 텅 비었고, 내 삶도 텅 비었구나"라는 가사는 개인적 슬픔을 넘어 공동체적 정서를 대변한다. 내용은 반복적으로 무상과 결핍을 노래하며 인간 존재의 덧없음을 전한다.

<허망함>이 추격 상황에 삽입된 순간 관객은 강렬한 역설을 겪게 된다. 스크린에는 다급함이 가득한데, 그 위로 들려오는 것은 애절한 민중의 선율이다. 긴박한 돌진 속에서 아나톨리아의 비탄이 겹쳐질 때 장면은 단순한 할리우드식 액션을 넘어선다. 영화는 이스탄불이라는 도시의 리얼리티를 평이한 배경으로 소비하지 않고, 그 속에 살아 있는 사람들의 감수성을 반영한다. 또한 이 곡은 추격의 맥락에서도 상징적 기능을 한다. 악당에게 끌려가는 레니와 필사적으로 쫓는 브라이언. 두 인물에게는 시간이 없고, 가족을 잃을지도 모른다는 절망이 드리워져 있다. 그들의 심리를 압축하는 듯한 "텅 비었다"는 메시지는 질주의 표면적 긴장감 아래에서 흐르는 내면의 허무함을 드러낸다. 음악적 측면에서 이 곡은 '바을라

\# 서아시아에 위치한 튀르키예의 대부분을 차지하는 반도 지역. '소아시아'(Asia Minor)라고도 한다. 이 노래는 수백 년에 걸쳐 구전으로 전해진 아나톨리아 민속 음악 전통의 일부로, 그 기원을 추측할 수 없다.

마'(baglama, 튀르키예 전통 현악기)의 애절한 반주와 아크키라즈의 절규하듯 낮은 보컬이 결합되어 현실의 무게를 고스란히 전한다. 빠른 전개와 느린 민속 선율의 대비는 오히려 급박감을 더 끌어올리는 효과를 낸다. 관객은 눈앞의 액션과 귀로 들려오는 비탄 사이에서 분열된 감각을 경험하며 장면의 압도감에 더욱 몰입할 수 있다.

<입술에 남은 갈망>이 감옥에서 가족과 폭력의 아이러니를 드러냈다면, <허망함>은 거리에서 사회적 혼돈과 서민의 목소리를 담아낸다. 두 노래는 사랑과 공허라는 엇갈린 감정을 품으며 영화의 마지막을 한층 깊이 울려 퍼지게 한다.

테이큰 2 Taken 2

개봉 2012년

감독 올리비에 메가턴

출연 리암 니슨, 매기 그레이스, 팜케 얀센 외

국가 프랑스

장르 액션 스릴러

관람 등급 청소년 관람 불가

입술에 남은 갈망 Dudaklarında Arzu

노래 벨크스 외제네르

녹음 1960년대 말

장르 튀르키예 영화 음악

감정 키워드 그리움, 비애, 긴장, 향수

허망함Boşumuş

노래 사바하트 아크키라즈

녹음 1980년대

장르 전통 민속 음악

감정 키워드 비통, 저항, 공동체적 울림

다시 배워야 할 사랑

영화 <원더우먼 1984>

모차르트 오페라 <피가로의 결혼>

* 되찾은 사랑 *

고고학자로 살아가는 다이애나 프린스(갤 가돗 분)는 세상의 정의를 지키는 원더우먼이다. 그의 마음속에는 여전히 1차 세계 대전에서 연인 스티브 트레버(크리스 파인 분)를 잃은 상실감이 깊게 남아 있다.

다이애나는 어느 날 박물관에 들어온 돌 하나를 보게 된다. 모조품에 많이 쓰이는 황수정인데, 돌에는 라틴어로 "손을 대고 빌면 단 하나의 소원이 이루어진다"라고 쓰여 있다. 다이애나는 이 돌을 들고 무심코 스티브가 돌아오길 바란다는 소원을 빈다. 얼마 뒤 다이애나는 파티에 참석하는데, 처음 보는 남성이 다가와 스티브가 과거에 했던 말을 그대로 한다. 불가사의하게도 스티브의 영혼이 다른 남자의 몸을 빌려 현실에 나타난 것이다. 겉모습은 낯설지만, 눈빛과 영혼은 분명 스티브였다. 다이애나는 잠시 기쁨에 흔들리지만, 곧 마음이 복잡해진다.

다이애나는 스티브와 데이트를 하기 위해 남자의 집에서 스티브에게 옷을 골라준다. 그는 생소한 옷을 입으며, 현대의 패션과 소품을 경험하고 익숙지 않은 시대의 공기를 처음 맞닥뜨린다. 이 장면은 가벼운 웃음 코드이기도 하지만, 서로 다른 시간대를 살아온 두 사람이 다시 일상의 호흡을 맞추는 과정을 보여준다. 이후 거리로 나온 두 사람은 지하철역 에스컬레이터 앞에 선다. ▶ 00:57 다이애나는 "특별한 계단이야"라며 웃음을 띠고, 스티브는 처음 보는 움직이는 계단에 올라타고 신기해한다. 바로 이 장면에서 흐르는 음악이 모차르트의 오페라 <피가로의 결혼>의 아리아 '당신은 사랑이 무엇인지 아시나요?'다.

이 아리아는 시종 케르비노(메조소프라노)가 부르는 노래이며, 청춘의 혼란과 감정의 요동을 담고 있다. 그는 귀족 사회를 오가며 쉽게 마음을 빼앗기는 사춘기 소년으로 백작 부인 로지나(소프라노)에게 은근한 연정을 품는다. 그러나 그것이

사랑인지 동경인지조차 알 수 없어 혼란스러운 마음을 기타 선율에 실어 노래한다.#

"가슴이 뛰고, 숨이 막히고, 두렵지만 멈출 수 없다."

기본적인 ABA 형식## 안에 담긴 화성의 흔들림은 사랑의 불확실성을 뚜렷이 드러낸다. 이 음악이 다이애나와 스티브의 장면에 겹치는 이유는 명확하다. 두 사람은 한때 사랑했던 연인이고, 지금의 만남은 익숙하지만 어긋난 재회이기 때문이다. 서로의 눈빛에 기쁨과 혼란이 뒤섞이는데, 그것을 언어로는 다 설명할 수 없다. "사랑이 무엇인지 아시나요?"라는 케르비노의 질문은 둘의 해후가 '확정된 사랑'이 아니라 '다시 배워야 할 사랑'임을 부드럽게 알린다.

케르비노가 부르는 아리아는 오케스트라 반주곡으로, 모차르트 악보에는 기타 지시가 없다. 다만 극적 상황에서 "내가 직접 만든 노래를 들려준다"라는 설정을 살리기 위해 무대 연출에서는 종종 기타를 들고 노래하는 장면이 삽입된다. 이때 기타는 실제 연주되지 않고, 연기를 위한 소품으로만 사용된다.

노래는 세도막 형식(three-part form, ABA)으로 이루어진 아리아다. 곡의 앞부분(A)이 제시된 뒤, 다른 성격의 중간 부분(B)이 나오고, 다시 처음 부분(A)이 되풀이되는 구조다. 과거 일부 음악 이론서에서는 이를 '제1론도'(First Rondo)라고 부르기도 했으나, 오늘날에는 혼동을 피하기 위해 '세도막 형식'으로 설명하는 것이 일반적이다.

<h2 style="text-align:center">* 이별과 질문으로 남은 노래 *</h2>

시간이 지나면서 다이애나는 이루어진 소원의 대가를 깨닫는다. 스티브를 만난 순간부터 힘을 잃어가고 있었던 것이다. 영웅의 책임과 개인의 행복 사이에서 그는 극심한 갈등에 빠진다.

한편 동료 고고학자 바바라 미네르바(크리스틴 위그 분)는 돌의 힘으로 강력한 능력을 얻었으나 점차 인간성을 잃고 괴수로 변한다. 욕망이 부른 파괴는 오페라 속 알마비바 백작이 보여주는 권력 남용을 떠올리게 한다.

<피가로의 결혼>은 귀족 사회의 위선과 권력을 풍자하는 희극이다. 알마비바 백작은 하인 피가로의 약혼녀 수잔나를 차지하려 하지만 피가로, 수잔나, 백작 부인이 힘을 합쳐 그의 계략을 무너뜨린다. 변장과 오해, 술수가 뒤엉키는 이야기 속에서 케르비노의 아리아는 드물게 꾸밈없는 진심을 드러낸다. 아직 사랑의 의미를 제대로 알지 못하는 소년이 기타를 들고 백작 부인 앞에서 부르는 이 노래는 순수한 고백으로 무대의 온도를 바꾼다.

영화에서도 다이애나와 스티브의 관계는 혼돈 속에서 유일하게 남은 진실처럼 빛난다. 클라이맥스 직전, 골목길에서

스티브는 "너는 세상을 지켜야 한다"라며 스스로 떠날 결심을 한다. 다이애나는 눈물을 흘리며 이별을 받아들이고, 그 순간 힘을 되찾는다.

이후 세계를 혼란에 빠뜨린 사업가 맥스웰 로드(페드로 파스칼 분)는 방송을 장악해 사람들의 욕망을 부추긴다. 다이애나는 통제 불능 상황에서 맥스웰의 다리에 진실의 올가미(Lasso of Truth)#를 걸어 마침내 세상 모든 사람에게 메시지를 전파한다.

"스티브는 죽었고, 그게 진실이야. 내 욕심을 채우려고 진실을 바꾸진 않겠어. … 진실은 아름다운 거야. 세상이 어떻게 됐나 봐. 당신의 소원이 초래한 결과를."

거짓된 소원은 결국 대가를 치르게 하므로 이제 진실을 선택하라는 의미다. 비록 아리아는 다시 들리지 않지만, 케르비노의 질문이 품은 본질은 영화의 메시지 속에서 되살아난다. 사랑이 눈에 보이지 않지만 분명 존재하듯, 진실 또한 반드시 지켜져야 한다는 것이다.

\# 원더우먼의 대표적인 무기로 신들의 금실로 만들어졌다는 설정을 지닌다. 올가미에 묶인 사람은 강제로 진실만을 말하게 되며, 원작 코믹스와 영화 모두에서 정의와 진실의 상징으로 기능한다. 단순한 무기가 아니라 진실, 정의, 정직이라는 주제를 형상화한 장치로 원더우먼의 영웅적 정체성을 보여주는 핵심 상징물이다.

원더우먼 1984 Wonder Woman 1984

개봉 2020년

감독 패티 젠킨스

출연 갤 가돗, 크리스 파인, 크리스틴 위그 외

국가 미국

장르 액션, 판타지, 로맨스, 슈퍼히어로

관람 등급 12세 이상 관람 가

볼프강 아마데우스 모차르트 Wolfgang Amadeus Mozart, 1756~1791

오페라 <피가로의 결혼, K.492> 중 제2막 2장 아리아

'당신은 사랑이 무엇인지 아시나요?'

작곡 연도 1786년

장르 오페라 아리아(오페라 부파, 희극 오페라)

감정 키워드 설렘, 혼란, 수줍음, 감정의 서투름, 애틋함

명랑한 폭력의 미학

시리즈 <블랙미러: 화이트 크리스마스>
로시니 오페라 <도둑까치>

* 복종의 서곡 *

'블랙미러'(black mirror)는 꺼진 스크린이라는 뜻이다. 전원이 꺼지면 스크린에 얼굴이 비치는 것처럼 현대 기술이 인간의 욕망과 윤리를 비추는 이야기를 담은 시리즈다. 넷플릭스에서 시즌 2의 특별 편#으로 분류되는 <화이트 크리스마스>는 세 개의 서사가 서로 얽혀 한 인물의 고백으로 수렴된다. (1) 의식

<화이트 크리스마스>는 2014년 영국 채널 4(Channel 4)에서 방영된 <블랙미러>의 크리스마스 연말 특별 편으로, 공식적으로는 시즌 2와 시즌 3 사이에 제작된 에피소드다. 이후 넷플릭스가 시리즈 판권을 인수하면서 플랫폼 내에서는 시즌 2의 네 번째 에피소드로 분류되어 있다.

복제 기술자 맷(존 햄 분)이 증강 시야 Z-Eye로 타인의 눈과 귀를 연결하며 연애를 원격 코칭하다 불법 감시와 사생활 침해의 책임을 지게 되는 이야기, (2) 맷이 과거에 다뤘던 의식 추출 기술 '쿠키'(cookie) 에피소드, (3) 상대를 사회적으로 '차단'(block)해 존재를 지워버리는 제도가 낳는 고립과 범죄.

세 이야기는 모두 "타인의 자유를 기술로 조정한다"는 공통의 축을 가진다. 논의의 중심인 음악은 두 번째 이야기인 쿠키 파트의 절정에서 울린다. 맷은 한 여자의 의뢰를 받고 여자의 복제 의식을 추출한다. 순백의 가상공간에 갇힌 복제 의식(쿠키)은 여자의 감정과 기억을 지녔지만, 몸이 없다. 맷은 복제 의식의 자율성을 박탈하고 무조건 복종하는 AI 비서의 역할을 강제하기 위해 "너는 단지 프로그램일 뿐"이라고 알린다. 그러고는 시간 가속 장치로 3주의 고립에 이어 6개월의 고립을 단 몇 초 만에 체험시키는 고문을 가해 복제 의식을 완전히 굴복시킨다. 이제 복제 의식은 자신의 본체인 여자의 일정을 관리하고 조리 시간을 맞추며 조명과 온도를 조절하는 쿠키가 된다.

쿠키가 처음 수행한 명령은 '음악 재생'이다. 쿠키가 로시니의 오페라 <도둑까치># 서곡을 틀자 여자는 기지개를 켜며 깨어나고, 쿠키는 커피 머신을 작동하고 토스트를 굽는다. ▶00:39 여자는 여유로운 일상을 시작하고, 쿠키는 인간성을 상실한 채 통제된다.

이 장면의 섬뜩함은 자율과 굴복의 동시 재생에서 비롯된다. 사람의 기억을 복사한 쿠키는 고통 속에 있으나, 여자의 일상은 따뜻하고 인터페이스는 친절하다. 서곡의 행진은 완벽히 질서 정연하다. 하지만 그 활기는 자유의 회복이 아니라 자기 결정권의 소거를 알리는 신호다. 인간이 해야 할 일을 완벽히 수행하는 듯 보이는 찰나, "누가, 누구의 의지로 움직이는가"라는 질문은 삭제된다. 명랑한 리듬이 흐를수록 성과 중심의 질서는 완성되고, '나였던 것'은 도구화된다. 그래서 이 음악은 배경이 아니라 하나의 식별이다. 복제된 의식은 자율성을 잃고 오직 기능만을 위해 남겨진 부품으로 전락한다.

<화이트 크리스마스>의 세 이야기가 감시, 대리, 삭제의 변주라면, 로시니의 음악이 깔리는 순간은 이를 한 번에 집약한다. 첫 번째 이야기는 욕망의 원격 조종이 불러온 비극을, 세 번째 이야기는 차단 제도가 낳은 사회적 증발을 보여준다. 그리고 두 번째 이야기의 이 장면에서 음악은 말한다. "삭제는

2막 오페라로, 장르는 '오페라 세미세리아'(Opera semiseria)에 속한다. 이는 진지함과 희극성이 혼합된 형태를 말한다. 희극처럼 시작해 비극으로 흘러가지만, 끝내 정의가 회복되는 밝은 외피 속의 사회비판극으로 평가된다.

이렇게 경쾌하게도 진행된다." 청소가 끝난 집과 같은 반짝임은 누군가의 주체가 닦여 나간 흔적이다. 결국 이 음악은 슬픈 선율 대신 활기를 호출함으로써 작품의 근본적인 논리를 구축하고 윤리적 질문을 제시한다. 관객은 귀로 축제를 듣지만, 눈으로는 순응의 행진을 목격한다. 그것이 <블랙미러>의 미학이며, 로시니의 음악은 그 미학의 최종 작동음이다.

* 반복되는 체계 *

오페라 <도둑까치>는 밝은 행진 속에 숨은 비극으로 유명하다. 주인공인 시골 하녀 니네타(소프라노)는 주인집의 은숟가락을 훔쳤다는 누명을 쓴다. 진범은 반짝이는 것을 모으는 까치지만, 법의 체계는 진범의 존재를 무시한 채 오류를 인정하지 않는다. 니네타는 죄인으로서 단두대 앞에 선다. 그러나 로시니는 이 비극을 눈물과 비탄이 아닌, 리듬과 속도로 그린다. 서곡은 군악풍 스네어 드럼 소리와 짧은 선율을 반복하다 점차 소리가 커지며(crescendo, 점점 세게) 폭발적으로 전개된다. 이처럼 질서와 가속이 교차하는 음향은 경쾌함과 긴장을 동시에 담아내며 형식적 서두를 넘어 이 작품의 본질이 된다.

로시니는 경쾌함을 내세우면서도 규율과 통제의 구조를 담아낸 것이다.

인간의 감정이 아닌 시스템의 규칙을 따르는 선율의 흐름은 <화이트 크리스마스>의 두 번째 이야기와 연결된다. 니네타가 법의 기계적 절차 속에서 호소할 권리를 잃었다면, 쿠키 또한 알고리즘의 논리 속에서 자율성을 잃는다. 두 세계 모두 살아 있으나 말할 수 없는 존재를 만들어낸다.

흥미롭게도 로시니 오페라의 주인공 니네타(Ninetta)와 쿠키 그레타(Greta)의 조합은 이름의 울림까지 닮아 있다. 둘 다 여성이며, 종속적 위치에 놓여 있다. 하나는 주인의 지시에, 하나는 본체의 지시에 결박된다. 니네타와 그레타, 그들의 이름은 곧 인간 소외의 순환을 말하는 두 겹의 은유다.

또한 두 작품은 결국 '판정'이라는 구조적 동일성을 공유한다. 니네타는 사회가 부여한 죄로, 쿠키는 기술이 부여한 정체성으로 구분된다. 둘 다 진짜 자신을 증명할 기회를 잃고 체계의 톱니로 흡수된다.

로시니의 음악이 니네타의 누명을 씻어주지 못했듯, 쿠키의 세계에서 효율은 존엄을 복구하지 못한다. 웃음은 멈추지 않고, 명령 역시 끊임없이 이어진다. 체계는 리듬과 함께 반복된다.

<블랙미러> 시즌 2 특별 편 '화이트 크리스마스'

공개 연도 2014년

총괄 찰리 브루커

출연 존 햄, 라프 스팰, 우나 채플린 외

국가 영국

장르 SF 앤솔로지, 심리 스릴러

관람 등급 청소년 관람 불가

조아키노 로시니 Gioachino Rossini, 1792~1868

오페라 <도둑까치> 서곡

작곡 연도 1817년

장르 오페라, 서곡

감정 키워드 통제, 누명, 아이러니

핏빛 무도회

시리즈 <웬즈데이>

조르다노 오페라 <안드레아 셰니에>

* 우울하고 멋진 밤 *

다크 판타지와 미스터리 스릴러, 고딕 코미디(Gothic Comedy)#
가 결합된 <웬즈데이> 시리즈는 괴짜 소녀가 자신의 능력과
정체성을 받아들이며 성장하는 이야기를 담고 있다. 차갑고
냉소적인 성격의 웬즈데이 아담스(제나 오르테가 분)는 평범한
일반 학교에서 사고를 일으킨 뒤 초자연적 능력을 지닌 학생
들이 모이는 기숙사 학교 네버모어 아카데미로 전학한다. 그

\# 음울하고 기괴한 분위기 속에 유머와 풍자를 결합한 형식. 죽음, 고독, 괴불, 조자
연 현상 등 어두운 소재를 다루지만, 이를 시니컬하거나 과장된 방식으로 풀어내
며 독특한 아이러니를 형성한다.

는 학우들과 어울리기를 거부하지만, 마을에서 벌어진 연쇄 살인 사건과 학교의 수상한 비밀에는 강한 집착을 보인다. 자신에게 간헐적으로 보였던 미래가 사건과 연결되어 있음을 깨닫고 아담스 가문의 과거와 마을의 오래된 원한까지 파헤친다.

시즌 1의 4화 '우울하고 멋진 밤'에서 웬즈데이는 카페 청년 타일러 갤핀(헌터 두한 분)이 사건과 무관하지 않음을 직감하고, 그와 함께 연례 댄스파티 '레이븐'(Rave'N)#에 참석한다. 웬즈데이는 고딕풍 드레스##를 입고 강렬한 댄스를 선보여 주목을 받는다. 하지만 이 즐거움은 오래가지 않는다. 제리코 마을의 청소년 무리(초능력이 없는 '노미'###로 네버모어 학생들을 혐오하는 지역 고등학생들)가 파티장에 난입해 붉은 액체를 소방 설비에 연결한다. 파티장에는 움베르토 조르다노의 오페

'rave'(댄스파티)와 'Nevermore' 네버모어 아카데미의 N을 결합한 말장난으로, 동시에 에드거 앨런 포(Edgar Allan Poe)의 시 <더 레이븐>(The Raven)의 상징을 반영한다. 고딕적 본질과 까마귀(raven)의 이미지를 동시에 함축한 네버모어 아카데미의 연례 무도회 명칭이다.

고딕 스타일에서 영감을 받은 의상으로, 주로 어두운 색조(검정, 자주, 보라), 레이스 및 벨벳 같은 고전적인 소재인 하이넥, 퍼프 소매, 코르셋 등 중세와 빅토리아 시대에서 유래한 극적인 실루엣이 특징이다. 낭만적이면서도 신비롭고 기묘한 분위기를 함께 담아내며 웬즈데이의 세계관을 시각적으로 구현하는 대표적 복식(服飾) 코드로 사용된다.

라 <안드레아 셰니에>의 비극적 아리아 '어머니는 돌아가셨네'가 울려 퍼지면서 천장에서 핏빛 물줄기가 쏟아진다. 학생들은 비명을 지르며 도망치고, 파티장은 혼란의 소용돌이로 빠진다. ▶4화, 00:40

하지만 웬즈데이는 전혀 당황하지 않는다. 차가운 눈빛으로 붉은 물을 바라보며 손가락으로 그것을 찍어 맛보고는 돼지 피가 아닌 페인트라고 담담하게 말한다. 그 직후 그는 갑작스레 환영을 보는데, 양봉 클럽 친구이자 웬즈데이의 수사 파트너인 유진(무사 모스타파 분)이 단서를 찾다 위기에 처한 장면이다. 물리적인 혼란과 내면의 환영이 겹치는 순간 웬즈데이는 테러 이상의 무언가를 직감한다. 이는 학교와 마을 사이의 갈등이 수면 위로 드러나고, 자신이 그 균열의 한복판에 서 있음을 자각하게 되는 구도다. 이때 배경 음악은 그러한 주인공의 냉정한 태도를 노래의 비탄적 긴장감과 결부시켜 시퀀스의 상징성을 극대화시킨다.

노미(normie)는 네버모어 아카데미에 다니는 '별종'들과는 달리, 아무런 능력이 없는 평범한 사람들을 지칭하는 용어다. 제리코 마을 주민 다수는 노미이며, 이들은 별종을 이질적인 존재로 여기며 갈등과 편견의 시선을 보낸다. 노미는 원래 '지극히 평범한 사람'을 뜻하는 인터넷 속어에서 유래한 표현이다.

* 저항의 외침 *

레이븐 파티는 시리즈 전반에 깔린 갈등을 시각적으로 압축한 공간이다. 네버모어는 초능력을 가진 '별종'(outcast)들의 공동체이고, 제리코 마을은 그들을 두려워하며 차별하는 노미들의 세계다. 4화까지 웬즈데이가 마주한 환영은 이 갈등의 근원이 지금까지 쭉 이어지고 있음을 암시했다. 그러므로 붉은 페인트는 노미들의 짓궂음이 아니라 네버모어를 향한 오랜 적의와 불신이 고스란히 응축된 증오다.

'어머니는 돌아가셨네'는 오페라의 3막에 등장하는 대표적인 소프라노 파트다. 프랑스 혁명기, 귀족 출신 여인 마달레나는 민중의 습격으로 어머니를 잃고 삶의 기반을 모두 잃은 채 처절한 절망과 슬픔 속에서도 다시 살아가야 하는 운명을 노래한다. 이 곡은 베리스모(verismo)# 양식의 소프라노 아리아로 작곡되었다. 신화나 이상화된 세계가 아닌 현실 속 고통받는 인간의 감정을 있는 그대로 드러내는 사실주의적 특징을 지닌다. 화려한 미사여구보다 감정의 직접성과 극적인 밀

\# 19세기 말 이탈리아 오페라에서 나타난 사실주의 경향으로, '진실'(vero)에서 유래된 용어다.

도에 집중한 이 곡은 한 여인의 상실, 혼란, 희망까지 함축적으로 전달한다.

노래는 여성 고음역이 부르는 독창곡이다. 서정적이고 고요한 도입부에서 시작해 점차 감정이 고조되고, 격렬한 포르테(f)와 섬세한 피아니시모(pp)를 넘나들며 클라이맥스를 향해 나아간다. 중반 이후 마달레나는 "나는 죽음을 넘었고, 사랑이 나를 다시 살렸다"라고 외친다. 그는 비애를 노래하면서도 그 속에서 다시 사랑을 붙드는 용기를 잃지 않는다. 비탄이 아니라 상처를 껴안고 살아가겠다는 고백이다.

스프링클러에서 붉은 물이 쏟아지는 극적인 시점에 장면에 깃든 분위기와 구조가 이 곡의 음결과 교차되며 드라마의 감정 밀도를 비약적으로 끌어올린다. 특히 "피와 진흙 속에서도 웃고, 사랑이 나를 다시 살렸다"#라는 고백은 혼란 속에서도 냉정을 유지하는 웬즈데이의 내면과 정확히 겹친다. 그것은 마들레나의 노래인 동시에 웬즈데이 자신의 목소리인 셈이다.

시리즈 내에서 음악은 주인공의 선택과 자아를 표현하는

\# "사랑이 나를 다시 살렸다"라는 표현은 원문 가사 "Io son l'amore, che fa nascere fiori dagli abiss"(사랑은 심연에서도 꽃을 피운다)의 시적 의역이다.

서사의 축이 된다. 붉은 물결이 퍼지는 광경은, 한편으로는 마들레나가 경험한 피로 물든 현실의 시각화이자 웬즈데이가 마주한 잔혹한 세계의 형상화다. 더불어 악곡은 정서적 내레이션의 역할을 한다. 아리아의 선율은 시청자에게 지금 보고 있는 장면이 청춘물의 파국이 아니라 더 깊은 역사적, 감정적 층위를 품고 있음을 알린다. 뿐만 아니라 웬즈데이의 눈빛과 결단 위에 흐르며 아름다움과 잔혹함, 외면과 내면 사이의 경계를 허문다.

<웬즈데이> 시즌 1 Wednesday 1

공개 연도 2022년

감독 팀 버튼

출연 제나 오르테가, 그웬돌린 크리스티, 퍼시 하인스 화이트 외

국가 미국

장르 미스터리

관람 등급 15세 이상 관람 가

𝄞

움베르토 조르다노 Umberto Giordano, 1867~1948

오페라 <안드레아 셰니에> 중

제3막 마달레나의 아리아 '어머니는 돌아가셨네'

작곡 연도 1896년

장르 베리스모 오페라

감정 키워드 비애, 분노, 저항, 절망, 냉정

닫힌 문과 체스판

시리즈 <퀸스 갬빗>

알프레드 뉴먼 <피날레: 할렐루야>

* 첫수의 탄생 *

체스판 위, 흑백의 엄격한 세계를 뒤흔든 고독하고 아름다운 여성 천재의 치열한 성장기. <퀸스 갬빗>#은 고아가 된 베스 하면(안야 테일러 조이 분)이 세계적인 체스 그랜드마스터가 되기까지의 이야기를 그린다.

시즌 1의 첫 에피소드 후반, 9세의 어린 베스(아역 이슬라

\# 미국 소설가 월터 테비스(Walter Tevis, 1928~1984)의 동명 소설 《퀸스 갬빗》 (The Queen's Gambit, 1983)을 원작으로 한다. 이 소설은 출간 당시에는 크게 주목받지 못했지만, 2020년 넷플릭스 드라마가 세계적인 인기를 끌면서 원작 역시 뒤늦게 재조명되었고, 베스트셀러로 다시 떠올랐다.

존스턴 분)가 약품 보관실에 몰래 침입해 신경안정제 '잔졸람'(Xanzolam)을 훔쳐 먹는 장면에서 흐르는 곡은 20세기 중반 종교 영화 <성의>의 OST로, 알프레드 뉴먼#이 작곡한 <피날레: 할렐루야>다.

1950년대 미국 켄터키, 베스는 교통사고로 어머니를 잃고 기독교계 고아원 '메슬런 고아원'으로 가게 된다. 이곳에서는 매일 정기적으로 아이들에게 신경안정제를 '마법의 비타민'이라 속여 지급한다. 베스도 약을 받아먹기 시작하며 점차 중독된다.

한편 베스는 고아원 지하실에서 청소부 샤이벨(빌 캠프 분)에게 체스를 배우고, 그 안에서 새로운 세계를 발견한다. 약물에 취한 채 천장에서 체스판을 그려보는 베스의 환각은 재능인지 아닌지 모를 모호한 경계 위에 놓인다. 그러던 어느 날, 아동 대상 약품 투여가 법적으로 금지되면서 약 지급이 중단된다. 금단 증상에 시달리던 베스는 어떻게든 약실로 진입해 약을 얻을 생각뿐이다. 고아원 학생들이 영화 <성의>를 단체 관람하는 동안 베스는 계획을 실행한다. 영화 시작

할리우드의 황금기를 대표한 영화음악 거장으로, 영화사 '20세기 폭스'의 로고가 뜰 때 울리는 도입 음악 〈20th Century-Fox Fanfare〉(1933)를 작곡했다. 아카데미 음악상을 9회 수상했고, 200편 이상의 영화에 음악을 남겼다.

전 지하실로 내려가 샤이벨과 체스를 두던 장소에서 일자 드라이버를 찾아 숨겨두고, 이후 상영관에서 몰래 빠져나가 약실의 자물쇠를 따기 시작한다. 그 타이밍에 영화 속에서 <성의>의 대사가 흐른다. "전 또 다른 왕을 찾았습니다. 그의 왕국으로. 그렇다면 그 소원대로 하라. 너희 왕국으로!"

베스가 자물쇠를 풀고 약실의 문을 열었을 때, 〈피날레: 할렐루야〉의 도입부가 흐른다.▶1화, 00:54 베스는 커다란 유리병에 담긴 잔졸람을 한 움큼 먹으며 주머니에도 약을 가득 쓸어 담는다. 음악은 장중해지며 복도를 가득 메운다. 베스가 약병을 통째로 들고 약실을 나서는 장면은 일종의 의식처럼 느껴진다. 곧 단체 영화 관람이 끝나고 아이들과 교사들이 복도로 몰려나오는 순간, 약실에서 나가던 베스가 이들에게 목격되고, 곧이어 들고 있던 약병을 떨어뜨리며 의자 위에서 추락해 실신한다.

* 욕망과 환상 사이 *

영화 속 영화 <성의>는 예수가 입었던 '성의'를 중심으로 로마 장교가 신앙적으로 회심(悔心)하는 내용이다. 그만큼 음악도 기독교적 감화와 승화를 담아내기 위해 장엄하게 구성되어 있다. 당시 할리우드 최고의 작곡가 중 한 명인 뉴먼은 대규모 오케스트라와 합창으로 고전 종교 음악의 문법을 스크린으로 이식했으며, 바흐나 헨델과 같은 대위법적 짜임새와 교회 음악 구조를 현대 영상 서사에 맞도록 탁월하게 재구성했다.

그런데 <퀸스 갬빗>에서는 이 음악이 전혀 다른 맥락으로 쓰인다. 영화에서 약물 중독에 빠진 9세 소녀가 신경안정제를 훔쳐 먹는 금기를 따라가고 있지만, 배경에 깔린 음악은 "할렐루야"라는 합창으로 신성함을 절정에 이르게 한다. 베스의 금지된 행위를 마치 숭고한 의식처럼 격상시키며 그의 의존증이 귀재로 이어질 것임을 암시하는 역할을 한다. 베스가 약을 통해 본 것은 어쩌면 세상의 규칙 너머에 있는 체스판의 질서, 즉 자신만이 도달할 수 있는 지적이고 정신적인 영역인 것이다. 체스판은 인간의 삶을 상징하고, 약은 그것을 '보게 해주는 도구'이며, 음악은 그것을 '믿게 만드는 수단'이다. <피날레: 할렐루야>는 이 모든 요소를 하나로 묶는 축이 된다.

베스의 실신은 의식의 단절이다. 하지만 음악은 거기까지 그를 끌고 간다. "더 좋은 왕국으로 간다고!"라는 영화 속 마지막 대사처럼 베스도 어쩌면 자신만의 내면적 영역으로 들어가는 중이었을지도 모른다. 그렇지만 베스는 곧 약물 과다 복용으로 인한 혼절, 고아원에서의 체스 금지 조치, 평생 그를 괴롭힐 의존과의 싸움이라는 혹독한 대가를 치르게 된다. <퀸스 갬빗>은 이 장면을 통해 말한다. 천재란 도달하는 자가 아니라 끝까지 목격하는 자이며, 그 과정은 종종 고통스러운 대가를 수반한다는 것을.

퀸스 갬빗 The Queen's Gambit

공개 연도 2020년

총괄 스콧 프랭크

출연 안야 테일러 조이, 이슬라 존스턴 외

국가 미국

장르 드라마

관람 등급 청소년 관람 불가

알프레드 뉴먼 Alfred Newman, 1901~1970

영화 <성의, 聖衣> The Robe, 1953 **OST 중**

마지막 트랙 '피날레: 할렐루야'

작곡 연도 1953년

장르 오케스트라+합창/할리우드 종교 영화 음악

감정 키워드 도취, 장엄, 아이러니, 경계, 몰입

파국의 밑그림

영화 <하녀>

조르다노 오페라 <안드레아 셰니에>

* 두 여성의 비극 *

임상수의 <하녀>는 욕망극의 외피를 두르고 한국 사회의 계층 불평등을 차갑게 드러낸다. 상류 저택이라는 폐쇄적 공간에서 부르주아 가족의 체면과 이익이 어떻게 개인을 소모품으로 전락시키는지가 냉혹하게 전개된다. 이 서사가 힘을 갖는 까닭은 음악이 장식에 그치지 않고 주제와 감정의 축으로 기능하기 때문이다.

주인공 은이(전도연 분)가 처음 이 집에 발을 들인 것은 단순한 생계 때문이었다. 식당에서 허드렛일을 하던 그는 알선을 통해 훈(이정재 분)과 해라(서우 분) 부부의 대저택에 가정부로 고용된다. 처음에는 청소와 세탁, 임신한 해라를 돌보는 단순한 일에 집중했지만, 상류층의 화려한 일상과 낯선 교양의 풍경은 은이에게 점차 다른 감각을 일깨운다.

어느 날 저녁 은이는 훈의 피아노 연주를 듣게 된다. ▶ 00:17 그가 치는 베토벤 <피아노 소나타 17번> '폭풍'(tempest, 1801~1802) 중 3악장(조금 빠르게)은 겉으로는 세련된 취향의 과시처럼 들리지만, 끊임없이 흐르는 음형과 불온한 긴장은 이미 재앙의 기류를 띤다. 피아노 앞에서 형성된 묘한 긴장은 곧 두 사람의 관계로 이어진다. 훈은 은이에게 은밀히 다가가고, 은이는 그 접근을 완강히 거부하지 못한 채 점점 주인의 욕망에 휘말린다. 이 불균형한 관계는 단순한 일탈이 아니라, 은이가 임신과 아이의 상실이라는 비극을 겪게 되는 출발점이다. 결국 은이의 파국은 권력과 계급이 만들어낸 강압적 구조 속에서 빚어진다.

은이가 해라의 배 마사지를 마치고 와인과 다과를 들고 훈의 가족 모두가 있는 공간으로 들어설 때, 그곳 오디오에서는 조르다노의 오페라 <안드레아 셰니에>의 아리아 '어머니는 돌아가셨네'가 마리아 칼라스의 음성으로 번져 나온다. ▶ 00:42 이는 영화 속 배경이라기보다 은이의 앞날을 암시하는 신호처럼 들려온다. 겉보기엔 화목한 가정의 저녁 풍경이지만, 애수의 선율은 곧 밀려올 사건을 서늘한 밑그림으로 그려 넣는다. 오페라 속의 주인공 마달레나는 혁명으로 어머니와 삶의 터전을 잃지만, 고통을 토해내며 살아남으려는 의지로 나아간다. 영화의 주인공 은이의 행보도 이와 닮아 있다. 고용인에서 위험한 관계의 당사자로, 그리고 아이를 잃은 사람으로 이동하는 과정은 마달레나의 운명과 서사적으로 포개진다.

미소를 띤 채 쟁반을 든 은이의 표정과 아리아의 파국적 외침이 만드는 극적 충돌은 관객에게 지워지지 않는 불안을 남긴다. 이 장면은 은이와 마달레나라는 두 여성이 구조적 폭력 앞에서 가장 소중한 존재를 잃는 동일한 사태를 대비시킨다. 계급의 벽은 사랑과 삶을 소모시키고, 음악은 그 참상을 차갑게 선명화한다.

* 아리아가 드러내는 저항 *

'어머니는 돌아가셨네'의 대목 "불길이 그들을 집어삼켰어요! 집이 전부 불타버렸어요!"는 이야기의 끝을 예고한다. 관객은 이 소리에서 다가올 끝의 기미를 먼저 감지한다. 마달레나의 정서 궤적도 주목할 만하다. 그는 상실의 바닥에서 "하지만

나의 순수한 사랑은 죽임을 당했어요!"라고 토하며 울분을 결의로 전환한다. 비애를 견디며 다시 일어서려는 힘이 목소리에 실린다. 은이 역시 특권층의 이중성 속에서 처음에는 피해자로 남지만, 아이의 죽음 이후 주체적 대응으로 기울어간다. 아리아는 이 내적 전환을 음악적 화법으로 앞서 제시하고, 영화는 이를 시각적, 서사적으로 수용한다.

이 곡은 베리스모 오페라(verismo opera, 사실주의 오페라)의 전형을 보여준다. 19세기 말 이탈리아에서 태동한 베리스모 양식은 화려한 기교보다 현실의 감정과 날것의 긴장을 우선한다. 조르다노의 아리아는 선율미의 장식보다 솟구치는 외침에 무게를 두고, 임상수의 연출도 배우의 호흡과 표정, 촘촘한 간격을 통해 리얼리즘의 긴장을 전면화한다. 서로 다른 예술이지만, 두 작품은 감정을 사실적으로 드러내는 미학에서 공명한다.

또 하나 특징적인 점은 음악의 모순된 병치다. 부르주아 가족에게 이 곡은 교양의 장식처럼 들리지만, 실상은 은이의 현실을 집약한다. 결과적으로 그들의 취향은 타인의 고통을 장식처럼 활용하고, 은이는 그 의미를 온몸으로 감당해야 한다. 음악은 특권층의 가식을 드러내는 동시에 은이의 파멸을 관객의 기억에 각인시키는 칼날이 된다.

이 모든 상징은 영화의 결말에서 터져 나온다. 아이를 잃고 철저히 고립된 은이는 결국 훈의 집에서 자신의 몸에 불을 붙여 자살한다. 마달레나가 아리아 속에서 사랑의 상실을 절규하며 절망을 저항으로 바꾸듯, 은이는 자기 몸을 불사름으로써 특권층의 저택을 파괴적 제단으로 만든다. 불꽃은 곧 개인의 비극을 넘어 이 사회가 감춰온 위선 전체를 드러내는 최후의 표현이 된다. 요컨대 이 아리아는 영화의 명제를 압축한다. "특권의 체면은 누군가의 상처와 통곡 위에 세워진다." 소리는 아름답게 흘러나오지만, 그 속의 상처는 은이의 현실과 겹쳐 감상자의 마음에 흉터로 각인된다. 그 지점에서 영화와 오페라는 하나의 목소리로 말한다. 넘지 못한 벽은 언제나 참혹함을 낳고, 그 잿더미 위에서 음악은 비극을 숭고로 길어 올린다.

하녀 The Housemaid

개봉 2010년

감독 임상수

출연 전도연, 이정재, 윤여정, 서우 외

국가 한국

장르 스릴러

관람 등급 청소년 관람 불가

움베르토 조르다노 Umberto Giordano, 1867~1948

오페라 <안드레아 셰니에> 중

제3막 마달레나의 아리아 '어머니는 돌아가셨네'

작곡 연도 1896년

장르 베리스모 오페라

감정 키워드 상실, 절망, 복수, 저항, 비극적 숭고

총성과 서곡

영화 <육사오(6/45)>

글린카 오페라 <루슬란과 루드밀라>

* 로또가 만든 동맹 *

남한 병사 박천우(고경표 분)는 전방 근무 중 우연히 로또 복권 한 장을 줍는데, 놀랍게도 그 종이에 적힌 번호가 1등이다. 하지만 기쁨은 오래가지 못한다. 바람에 날린 복권이 철책을 넘어 북한 GP로 날아가 버린 것이다. 이 복권은 북한 하사 리용호(이이경 분)가 줍는다. 처음엔 복권의 가치를 몰랐던 그는 이후 남측 병사를 통해 그 의미를 알게 된다. 두 사람은 극비리에 접선해 당첨금을 반반 나누자고 합의한다.

이후 두 병사는 동료들을 은밀히 끌어들인다. 남측에서는 중대장과 후임들이, 북측에서는 정치지도원 최승일(이순원 분) 등이 합류하며 비밀스러운 협상은 점점 더 큰 판으로 번져간다. 군사적 대립 구도가 일상적 욕망 앞에서 무너지는 순간이다. 영화는 군사적 압박감을 유머로 풀어내되, 남북 군인들이 인간적으로 가까워지는 과정을 놓치지 않는다. 문화적 차이와 어색한 말투, 생활의 격차가 코믹하게 그려지며, 그 뒤에는 '돈 앞에서는 모두가 비슷하다'라는 현실 인식이 깔린다.

그러나 이야기는 웃음으로만 이어지지 않는다. 중반을 넘어서면서 북한 보위부 간부 김광철(윤병희 분)이 상황을 눈치채고 개입한다. 그는 복권을 독차지하려는 욕망에 휩싸여 동료마저 위협한다. 정치지도원 최승일과의 협력 관계는 삽시간에 깨지고, 복권 한 장을 둘러싼 배신과 긴박함이 폭발한다. 바로 이때, 전혀 예상치 못한 음악이 흘러나온다. 미하일 글린카의 오페라 <루슬란과 루드밀라> 서곡(overture)#이다.▶01:33 두 사람은 총을 분해해 누가 더 빨리 조립하는지 대결한다. 날렵하고 화려한 오케스트라의 선율은 생사를 가르는 대치 상황과 대조를 이루며 서로의 어설픈 총 조립과 맞물려 상황을 코믹하게 바꿔놓는다. 관객은 웃음과 긴장 사이에

\# 오페라, 발레, 오라토리오 등 무대 작품의 시작을 알리는 관현악곡을 뜻한다. 작품의 분위기와 성격을 미리 보여주며, 19세기 이후에는 독립적인 연주곡으로도 자주 연주된다.

서 흔들리며 블랙 코미디의 묘한 쾌감에 빠져든다. 결국 승일이 먼저 조립을 마치자 불리해진 광철이 주먹을 날려 승일을 쓰러뜨리면서 음악이 끊기고 장면이 바뀐다. 코미디와 스릴이 맞부딪히는 순간의 음악은 이후 장면에서도 지속적으로 잔향을 남긴다.

* 또렷한 해학 *

글린카의 오페라 <루슬란과 루드밀라>는 러시아 국민 시인 푸시킨의 동화시를 바탕으로 한다. 이야기는 마법사에게 납치된 루드밀라 공주를 구하기 위해 기사 루슬란이 겪는 모험담으로 신비한 적들과의 대결, 기묘한 여정, 그리고 마침내 재회를 담아낸 전형적 영웅 서사다. 하지만 오늘날 대중에게 가장 널리 알려진 것은 줄거리보다는 개막을 알리는 서곡이다. 약 5분 길이의 이 곡은 러시아 오페라 역사에서 가장 자주 연주되는 관현악곡으로 독립적인 콘서트 레퍼토리로도 자리 잡았다.

서곡은 빠른 현악 패시지와 경쾌한 리듬, 반짝이는 목관과 힘 있는 금관이 교차하는 화려한 사운드로 청중의 귀를 단숨에 사로잡는다. 낭만주의 초기 러시아 음악 특유의 생동감이 폭발하는데, 본래는 영웅적 모험을 예고하는 성격을 갖는다. 그러나 흥미로운 점은 음악 안에 깔린 장난기와 희극적 활력이다. 영웅 서사의 문을 열지만, 과도한 장중함 대신 유쾌함이 배어 있어 듣는 이로 하여금 미소 짓게 만든다. 그래서 이 곡은 광고, 예능, 영화 등 대중매체에서도 흔히 쓰이며 신나는 클래식의 대표적 예가 되어 왔다.

이 영화에서 글린카의 서곡은 세 겹의 효과를 낸다. 첫째, 인물의 긴장된 감정을 배반하며 아이러니를 극대화한다. 둘째는 풍자와 해학이다. 복권 한 장으로 분단 현실을 희화화하는 연출 의도가 희극성을 품은 글린카의 음악과 맞물려 더욱 또렷해진다. 마지막으로, 체제와 군사적 권위가 인간적 욕망 앞에서 무너지는 부조리한 상황을 부각한다. 결론적으로 분단 현실이라는 무거운 주제보다는 인간 본능의 우스꽝스러운 민낯을 드러내는 데 결정적인 역할을 한다.

육사오6/45

개봉 2022년

감독 박규태

출연 고경표, 이이경, 음문석, 박세완 외

국가 한국

장르 코미디, 드라마

관람 등급 12세 이상 관람 가

미하일 글린카Mikhail Glinka, 1804~1857

오페라 <루슬란과 루드밀라, Op.5> 서곡

작곡 연도 1842년

장르 오페라 서곡

감정 키워드 긴장, 아이러니, 반전, 풍자, 희화

존엄과 추락

시리즈 <더 에이트 쇼>

림스키-코르사코프 오페라 <차르 살탄 이야기>

* 질주의 악기 *

당신은 돈을 벌기 위해 어떤 선택까지 할 수 있는가? <더 에이트 쇼>는 돈이 절실한 사람 8명이 폐쇄된 공간에서 '시간= 돈'이라는 규칙 아래 살아남는 과정을 다룬다. 이러한 설정은 림스키-코르사코프의 오페라 <차르 살탄 이야기> 속 간주곡 '왕벌의 비행'이 삽입되면서 특유의 의미를 띤다. 막대한 인기를 누린 넷플릭스 시리즈 <오징어 게임>은 최후의 1인에게 상금을 주는 서바이벌인 것과 달리 <더 에이트 쇼>는 모두가 살아남아야 상금을 받을 수 있다. 즉, 8명 모두 이득을 취할 수 있는 구조다. 각기 다른 인물의 시점과 개성으로 이야기가 전개되며 인간의 내면과 자본 시스템의 비틀린 역학을 보여 준다. 특히 3화는 게임이 잔혹하게 전환되는 중요한 지점으로, 여기에서 '왕벌의 비행'이 불쑥 나온다. 배경 음악이 아니라 7층에 거주하는 필립(박정민 분)의 리코더 연주다. 의외의 악기로 연주하는 익숙한 클래식은 극도로 낯선 판국과 맞물리며 피상적인 오페라 간주곡의 범주를 벗어난 불안과 아이러니를 시청자에게 안긴다.

필립의 연주가 시작되는 계기는 이렇다. 참가자들은 게임의 시간을 늘려야 돈이 불어난다는 사실을 알아채고 전략을 수정한다. 시간을 늘리기 위한 방편으로 어떠한 플랜을 선택해도 상관없다는 것을 알지만, 사람들은 아직 건전하게 고민한다. 그러다 4층 김양(이열음 분)의 의견으로 장기자랑을 하는데, 먼저 나서는 사람이 없자 필립이 자진해 앞으로 나선다. 그는 자신이 보유한 돈으로 뜬금없이 리코더를 주문하고는 리코더를 입으로 불지 않고 왼쪽 코를 휴지로 막은 채 오른쪽 코로만 기묘하게 '왕벌의 비행'을 선보인다.▶3화, 00:10

필립의 리코더 연주는 끔찍한 쇼의 출발점이자 전주곡이 된다. 빠르게 끊임없이 몰아치며 간명한 규칙 속에서 참가자들의 추악함을 들춰내듯 말이다. 연주가 끝나자 필립은 환호와 박수를 받으며 20시간이 넘는 시간을 획득하고 어색한 분위기가 화기애애해진다. 그러나 그때부터 '시간과 돈'은 겉보기 설정이 아닌 존재를 증명해야 하는 잔인한 쇼로 변질된다. 이어 인간의 존엄이 무너지는 순간 '왕벌의 비행'은 새로운 의의를 얻는다.

* 두 개의 비행 *

림스키-코르사코프의 '왕벌의 비행'은 본래 오페라 <차르 살탄 이야기> 3막의 아리아다. 오페라의 전체 줄거리는 주인공들이 역경을 이겨내고 행복한 결말을 맞는 희망적인 메시지를 담고 있다. 전쟁에 나간 살탄 황제의 아들 기돈 왕자가 태어나자 질투에 찬 왕비의 언니들은 사신을 매수해 왕비가 괴물을 낳았다는 허위 보고를 전한다. 분노한 황제는 기다리라는 명령을 내린다. 하지만 언니들은 황제의 명을 거역하고 왕비와 기돈을 통나무 통에 넣어 바다에 띄워버리라 했다는 거짓 명령을 전하며 두 사람을 죽음의 위기로 몰아넣는다. 결국 황제는 진실을 모른 채 왕비와 기돈이 죽은 줄로 알게 된다.

　다행히 왕비와 기돈은 기적적으로 살아남아 외딴 섬에 정착하고, 기돈은 풍요로운 도시를 건설해 그곳의 통치자가 된다. 그러던 어느 날 기돈은 섬을 탐험하다 독수리가 백조를 공격하는 모습을 목격하고 화살을 쏘아 백조를 구한다. 그 백조는 사실 마법에 걸린 공주였다. 공주는 자신을 구해준 기돈에게 고마움을 전하며 언젠가 마법으로 도움을 주겠다고 약속한다. 한편 기돈은 자신의 섬에 머물던 상인들을 통해 아버지의 소식을 듣고, 자신을 버린 아버지를 직접 찾아가 모든 전말을 듣고 싶은 갈망을 느낀다. 아버지에 대한 그리움도 컸다. 기돈은 백조 공주의 도움으로 왕벌로 변신해 상인들의 배에 몰래 숨어 아버지의 왕국으로 향한다. '왕벌의 비행'은 왕벌이 된 기돈이 배에 숨어 바다를 건너는 장면을 묘사하는 음악이다. 오케스트라의 역동적인 연주는 기돈이 아버지의 왕국으로 향하는 긴박하고 정신없는 여정을 시각적 혹은 청각적으로 환기해 상상 속 장면을 구체화한다.

기돈의 필사적인 변신은 시간을 벌기 위해 리코더를 부는 필립의 절박한 심정과 맞닿아 있다. 필립이 연주한 '왕벌의 비행'은 필연적으로 쇼에서 벌어지는 혼돈의 양상을 상징적으로 표현하며 등장인물들의 감춰진 광기와 위태로운 심리를 예고한다. 반면 왕벌로 변신한 기돈은 작은 몸으로 큰 세상을 헤쳐 나가는 '통제된 자유'를 경험한다. 이는 쇼의 거대한 구조에 갇힌 참가자들이 자신들만의 방식으로 발버둥 치며 자유를 갈망하는 것과 같은 맥락으로 볼 수 있다.

필립의 연주가 끝난 찰나의 정적에도 주목해야 한다. 시간을 다루는 드라마에서 곡이 사라진 그 공백은 오히려 특별한 여운을 남긴다. 시간은 돈으로 환산되고, 돈은 권력으로 바뀌며, 권력은 인간의 본능을 집요하게 파고든다. 쇼가 이어질수록 참가자들은 점점 흉측한 얼굴을 드러낸다. 견뎌야 하고, 비겁해야 하고, 포기해야 하며, 때로는 타인에게 상처를 입혀야 한다. 그 모든 것은 정적이 던진 메아리처럼 서서히 퍼져 간다.

리코더의 선율은 롤러코스터처럼 쉼 없이 변화하며 시시때때로 날카로운 경고음을 남긴다. 절박한 환경에서 벗어나려는 필사적인 몸부림과 흔들리는 심리를 강렬하게 표현하는 매개체로 볼 수 있다. 나아가 쇼의 룰에 따라 드러나는 인간의 어두운 면모를 교묘하게 얽어맨다. 참가자들은 무언가를 얻기 위해 어떤 수단도 마다하지 않고, 멈출 수 없는 국면에 떠밀린다. <더 에이트 쇼> 속에서 몇 초간 나오는 '왕벌의 비행'은 인간의 가치와 파멸을 동시에 드러내는 탁월한 선곡이다.

더 에이트 쇼 The 8 Show

공개 연도 2024년

감독 한재림

출연 류준열, 천우희, 박정민, 이열음 외

국가 한국

장르 블랙 코미디, 사회 풍자, 서바이벌 드라마

관람 등급 청소년 관람 불가

니콜라이 림스키-코르사코프 Nikolai Rimsky-Korsakov, 1844~1908

오페라 <차르 살탄 이야기, INR80> 중

제3막 1장 끝 관현악 간주곡 '왕벌의 비행'

작곡 연도 1900년

장르 오페라

감정 키워드 속도, 초조, 통제, 불쾌, 기묘함

3부

깊은 사색으로 이끄는 선율

독주와 앙상블

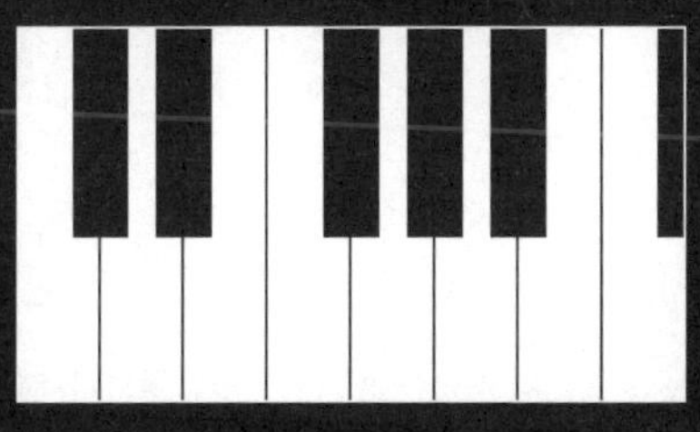

계속 나아가겠다는 외침

영화 <그린 북>

쇼팽 <에튀드 11번>

* 남부로 향하는 여정 *

1960년대 미국, 노예 해방을 선언한 지 이미 100년이 지났으나 인종 차별은 여전히 사회 전반에 뿌리내려 있다. 특히 남부 지역은 제도적 억압과 물리적 위협이 극심했으며, 이는 흑인 피아니스트 돈 셜리(마허샬라 알리 분)에게도 예외가 아니다. 그는 백악관에도 초청될 만큼 명성이 자자하며 카네기홀의 무대에도 오른 천재 피아니스트다. 더불어 심리학과 음악학 등 여러 학문에서 박사 학위를 받은 그야말로 지성과 예술성을 겸비한 인물이기도 하다. 그러나 사회의 시선은 여전히 그의 피부색에 가로막혀 있다.

영화 <그린 북>은 이처럼 모순된 시대를 배경으로 한다. 무대 위에서는 존경받는 예술가지만 무대 밖에서는 흑인 전용 화장실을 사용해야 하고, 식당에서는 백인과 같은 테이블에 앉을 수도 없다. 심지어 공연장에서는 조율조차 되지 않은 낡은 피아노를 배정받는 모욕을 당한다. 예술가로서의 예우와 인간으로서의 인권에 끊임없이 상처 입는 현실이다.

남부 순회공연을 위해 셜리는 백인 운전사 토니 발레롱가(비고 모텐슨 분)를 고용한다. 토니는 이탈리아계 출신으로 거칠고 직설적이지만, 현실의 위험으로부터 셜리를 지켜줄 인물이다. 두 사람의 조합은 처음부터 불편하고 삐걱거린다. 한쪽은 세련된 교양인, 다른 한쪽은 생존 본능에 충실한 인물. 그러나 남부의 차별적 환경은 두 사람이 서로를 의지하지 않으면 버틸 수 없는 상황으로 몰아넣는다.

순회 마지막 무대에서 긴장은 극에 달한다. 공연의 주인공인 셜리조차 레스토랑 입장을 거부당하는 사건이 벌어진다. 이에 토니는 분노해 지배인과 맞서려 하지만, 셜리는 폭력 대신 품위를 택한다. 그는 공연 자체를 취소하고 홀을 떠나는데, 이 선택은 그의 자존심을 지키는 마지막 방패다. 두 사람은 공연장을 뒤로하고 근처 오렌지 버드 블루스 클럽으로 향한다. 그곳은 흥겨운 밴드 음악과 웃음소리, 담배 연기로 가득 차 있다. 셜리의 정체를 알아본 바텐더가 피아노 연주를 청하자 토니가 이를 부추기고, 셜리는 마지못해 무대에 오른다.

* 쇼팽의 화염 *

클럽 무대에 놓인 피아노는 낡고 음정마저 어긋나 있다. 셜리는 의자에 앉아 술잔을 옆에 내려놓고 천천히 손을 건반 위에 올린다. ▶01:47 주위를 메운 대화 소리와 웃음은 서서히 가라앉고, 사람들은 그가 어떤 음악을 들려줄지 숨죽이며 지켜본다. 누구도 이곳에서 클래식 명곡이 울려 퍼지리라 예상하지 못했지만, 그 순간 쇼팽의 <에튀드 11번> '겨울바람'이 연주된다. 이 선택은 셜리의 본질을 드러내는 행위이자 그가 잃어버린 정체성을 되찾는 회복의 몸짓이다.

여기서 우리는 앞선 호텔 로비 장면을 떠올릴 수 있다. 드뷔시의 <아라베스크 1번, L66>(1891)이 흐르는 가운데, 셜리는 클래식 연주자로서의 꿈과 그것을 가로막은 사회적 편견을 토로한다. ▶01:20 곡선적으로 흘러가는 선율은 직선적 길을 허락받지 못한 그의 삶을 비유하고, 투명하면서도 불안정한 화성은 외적 화려함 뒤에 감춰진 고독을 드러낸다. 그러나 그 장면은 과거를 이야기하는 고백에 머문다.

반면 블루스 클럽에서 연주한 쇼팽의 '겨울바람'은 고백을 넘어선 실제의 외침이다. 짧은 8마디 도입은 비극적 울림으로 고독을 응축하며 뒤이어 몰아치는 음형은 분노와 갈망, 인간의 의지를 폭풍처럼 드러낸다. 이 곡은 그저 연습곡이 아니라 감정과 자연의 충돌로 빚어진 한 편의 서사다. 연주자에게 요구되는 것은 속주뿐만 아니라 긴장과 해방을 동시에 담아내는 능력이다. 셜리는 바로 그 해석을 통해 빼앗긴 정체성을 다시 손에 쥔다.

이는 쇼팽이 조국 폴란드의 상실을 음악으로 승화시킨 모습과 겹친다. 망명지에서 작품을 쓴 쇼팽과 편견 속에서 클래식을 연주한 셜리의 삶은 서로 다른 시대와 공간에서 같은 울림을 낸다. 처음엔 낯설어하던 관객도 이내 그의 열정에 매혹돼 마지막 음이 끝날 때 환호와 박수로 화답한다. 이때 피아노는 그에게 자유가 되고, 그의 여정은 다시 불타오른다. 어쩌면 거장의 작품 연주가 아니라 예술가가 세상 앞에 던진 가장 뜨거운 고백일 테다.

그린 북 Green Book

개봉 2019년

감독 피터 패럴리

출연 비고 모텐슨, 마허샬라 알리 외

국가 미국

장르 드라마, 코미디, 전기

관람 등급 12세 이상 관람 가

프레데리크 쇼팽 Frédéric Chopin, 1810~1849

에튀드 제11번 a단조, Op.25-11, '겨울바람'

작곡 연도 1836년

장르 피아노 독주곡(연습곡)

감정 키워드 격정, 존엄, 저항, 자유, 긴장

그레이의 전주곡

영화 <그레이의 50가지 그림자>

쇼팽 <전주곡 4번>

* 피아노 위의 고백 *

세계적으로 수많은 화제와 논란을 낳은 E. L. 제임스의 베스트셀러 소설을 원작으로 한 <그레이의 50가지 그림자>는 상업적으로 큰 성공을 거둔 작품이다. 억만장자 크리스찬 그레이(제이미 도넌 분)와 문학도 아나스타샤 스틸(다코타 존슨 분)의 복잡한 관계를 그린다.

　어린 시절 성적 학대를 경험해 특이한 이성 관념을 가진 그레이는 순수하고 섬세한 아나스타샤를 만나면서 처음으로 자신의 진짜 모습을 발견한다. 영화는 지배와 복종이라는 BDSM#적 설정을 바탕으로 시작하지만, 점차 상처와 이해 사이의 심리적 대치로 얽혀 나간다.

문예학과인 아나는 절친인 대학 신문 기자 케이트(엘로이즈 멈포드 분)를 대신해 '그레이 엔터프라이즈'의 CEO 그레이를 인터뷰하러 간다. 첫 만남부터 강한 호기심과 매혹적인 끌림을 느낀 두 사람은 급격히 가까워진다. 그 과정에서 아나는 그레이의 BDSM 성향을 알게 되고, 그의 가학적 플레이룸을 직접 눈으로 보고도 그를 향한 미지에 대한 욕망으로 첫 잠자리를 받아들인다. 그레이는 아나와 관계를 한 후 홀로 피아노에 앉아 요한 제바스티안 바흐의 <마르첼로의 '오보에 협주곡 d단조'에 의한 하프시코드 협주곡, BWV974>(c.1714) 중 2악장 '아주 느리게'를 연주한다. ▶ 00:45 곡은 아름다운 오보에의 음색처럼 느리고 사색적인 분위기를 풍긴다. 이는 아나로 하여금 안전함을 느끼게 하면서 그레이의 섬세하고 내성적인 면모를 인식하도록 한다.

이를 계기로 아나는 그가 제안한 BDSM 계약서를 긍정적으로 고민하고 그레이와 만나 계약 조건을 수정한다. 이들의 계약 협상 자리는 보이지 않는 각자의 뜨거운 정신적 교감을

\# Bondage & Discipline, Dominance & Submission, Sadism & Masochism의 약자로, 구속과 훈육, 지배와 복종, 가학과 피학을 포함하는 성적 관계의 한 형태를 의미한다.

확인하는 순간이다. 어쩌면 육체적 관계보다 더욱 자극적인 장면이 아닐까? 아나는 의도적으로 그레이의 욕망을 자극하며 그의 성적 본능을 강하게 끌어낸다. 그러고는 계약을 확정하지 않은 채 일방적으로 미팅을 끝내고 그레이와 헤어진다.

* 피할 수 없는 슬픔 *

아나는 대학에서 졸업을 맞이한다. 졸업식에서 학교에 거액의 기부금을 낸 그레이가 연설자 중 한 명으로 나와 아나의 이목을 끈다. 그리고 그레이가 직접 학생들에게 졸업장을 전달하는데, 아나의 차례가 되자 그레이는 졸업장을 수여하며 은밀하게 말을 건넨다. "결정을 했나?" 그러자 아나가 답한다. "좋아요." 일순 그레이는 놀라며 기쁨을 감추지 못한다. 양자 사이의 큰 장벽 하나가 사라진 것이다. 그레이가 다시 아나와 사랑을 나눈 뒤 피아노 앞에 앉아 이번에는 쇼팽의 <24개의 전주곡 Op.28> 중 4번을 연주한다. ▶ 01:48 아나는 그레이에게 다가가 "당신이 연주하는 곡은 다 슬퍼요"라고 말하며 그의 속을 엿본다. 여기에서 관객은 음악을 통해 그의 부와 권력 뒤에 덮인 아물지 않는 상처를 자각하며 그에게 연민을 품게 된다. 쇼팽의 곡은 영화의 핵심적 상황을 더욱 깊이 파고 드는 주된 음악적 모티프#다. 쇼팽은 낭만주의 시대의 폴란 드 출신 작곡가로 그의 음악은 서정적인 선과 풍부한 화음, 또 섬세한 표현력으로 유명하다. 그가 작곡한 <24개의 전주 곡 Op.28>은 각 곡이 독립적인 성격을 지니면서도 전체적으 로 하나의 심오한 여정을 이루는 작품집이다.

이 중 <전주곡 4번>은 단 25마디로 이루어진 짧은 곡이지 만, 그 안에 담긴 감흥이 농밀하다. 음악적으로 설명하자면 다음과 같다. 단순해 보이는 멜로디가 반복되는 화성과 함께 계속 아래로 추락하며 상실과 비탄을 전달한다. 마치 무언가 에 짓눌려 숨 쉬기 힘든 답답함처럼. 왼손의 화음들은 불안정 한 소리를 내며 듣는 이에게 긴장감을 주고, 마음이 머물 곳 을 찾지 못해 방황하는 듯한 느낌을 준다. 이 때문에 지휘자 한스 폰 뷜로##(Hans von Bülow, 1830~1894)는 이 곡을 "질식" 이라고 표현한 바 있다. 게다가 곡의 마지막에는 '스모르찬 도'(smorzando), 즉 "사라지듯이"라는 지시어가 붙어 있어 절

모티브(motive)는 주로 예술 작품의 창작 동기나 원인, 즉 어떤 작품을 만들게 된 출발점이나 이유를 의미한다. 그리고 모티프(motif)는 작품 속에 반복적으로 나타 나 주제를 투영하는 주요 구성 요소나 상징물, 짧은 선율 등을 뜻한다.

망감을 한층 고조시킨다.

<전주곡 4번>의 구조는 영화의 핵심 주제 및 그레이의 변화에 밀접하게 관여한다. 개인적으로 이 곡은 영화에서 '존재의 피할 수 없는 슬픔을 향한 송가'로 해석한다. 특히 곡의 위태로운 구조는 그레이의 심중을 청각적으로 구현하며, 그의 막대한 권력 뒤에 숨겨진 취약성과 내적 혼란을 극명하게 드러낸다. 음악이 지닌 막막함은 그레이가 안식처를 찾지 못하는 것에 대한 비유로 읽힌다. 결론적으로, 쇼팽의 곡은 영화의 노골적인 에로티시즘과 대비되는 짙은 감정적 차원을 부여한다. 영화는 쇼팽의 곡으로 그레이를 판타지적 인물이 아닌 고뇌하는 인간으로 승화시키며, 관객이 그의 세계에 보다 본질적으로 공감하고 탐구하도록 이끌어 스토리의 완성도를 즐길 수 있게 한다.

19세기 독일의 지휘자이자 피아니스트. 바그너와 리스트의 작품 보급에 큰 역할을 했으며, 바그너의 오페라 <트리스탄과 이졸데> 초연을 지휘했다. 베토벤 교향곡 해석의 새로운 기준을 세우며 현대 지휘자의 원형으로 평가된다.

그레이의 50가지 그림자 Fifty Shades of Grey

개봉 2015년

감독 샘 테일러-존슨

출연 제이미 도넌, 다코타 존슨 외

국가 미국

장르 로맨스, 드라마, 에로틱 스릴러

관람 등급 청소년 관람 불가

프레데리크 쇼팽 Frédéric Chopin, 1810~1849

24개의 전주곡, Op.28 중 제4곡

작곡 연도 1838~1839년

장르 피아노 독주곡(전주곡)

감정 키워드 슬픔, 고독, 절망, 비탄, 고뇌, 비극적 체념

네 눈을 들어 산을 보라

영화 <모나리자 스마일>
멘델스존 오라토리오 <엘리야>

* 교실의 질문들 *

1953년, 미국 뉴잉글랜드의 유서 깊은 명문 여대 웰즐리 칼리지에 부임한 미술사 강사 캐서린 왓슨(줄리아 로버츠 분)은 전통을 넘어선 사고를 제안하며 학생들과 충돌하고, 또 연대한다. 영화 <모나리자 스마일>은 모나리자의 신비로운 미소처럼 사회가 여성에게 강요하는 겉모습과 내면의 진실 사이에서 여성의 역할과 지적 자유의 의미를 탐구하는 작품이다.

새 학기가 시작되자 학생들이 강당 안으로 들어온다. 이때 흐르는 곡은 멘델스존의 오라토리오 <엘리야> 중 '네 눈을 들어라'이다. 이 곡은 후반부에 다시 등장해 영화의 감정 흐름을 잇는 연결고리로 기능한다.

캐서린은 부임 첫날부터 이 대학의 독특한 분위기와 마주한다. 엄격한 학문적 분위기 속에서 관리되는 교양 교육은 오직 좋은 가정을 꾸리기 위한 여성 교육을 목표로 한다. 이곳의 현실은 캐서린의 가치관과 정면으로 대치한다. 캐서린은 첫 수업에서 학생들이 자신의 질문에 교과서 전체를 외워 답하는 것을 보고 그들에게 학문이 암기와 순응으로 환원되고 있음을 깨닫는다. 교사에 대한 학생들의 불신과 차가운 시선은 캐서린을 자극한다. 그는 이후 강의부터 교재를 넘어선 질문을 던지기 시작한다.

"무엇이 예술인가? 누가 그 가치를 정하는가?"

학생들은 이제껏 경험하지 못한 캐서린의 수업 방식에 점차 마음의 문을 연다. 어느새 제자들과 가까워진 캐서린은 그들에게 자신만의 시선과 주체적인 삶의 자세를 가지라고 조언한다. 조앤(줄리아 스타일스 분)은 로스쿨 진학을 고민했지만, 결국 결혼을 선택하는 전형적인 경로 앞에서 방황한다. 베티(커스틴 던스트 분)는 보수적 태도로 캐서린에게 맞서지만, 남편의 외도와 가정의 혼란 속에서 변화의 여지를 발견해 간다. 베티가 도서관에서 <모나리자>#를 마주하고 "그림 속 여인은 과연 자신의 미소만큼 행복했을까?"라는 질문을 던지는 장면은 영화의 핵심 요지를 관통한다.

* 고요한 결단 *

다시 새 학기가 다가오고, 학교는 캐서린에게 다음 학기 계약 연장을 제안하며 수업 계획서를 미리 제출하라는 조건을 내건다. 캐서린에게 이 조건은 단순한 행정 절차를 넘어 교사로서의 신념을 지킬 수 있는지에 대한 철학적 압박으로 다가온다. 그는 깊은 고민에 빠진다. 캐서린은 강의실에서 학생들이 <모나리자>에 대해 토론하는 모습을 지켜보며 자신이 쌓아온 교육관을 되짚는다. 이때 멘델스존의 '네 눈을 들어라'가 다시 흐른다.▶01:47 이 작품은 여성 3중창##(SSA###)으로 이루

레오나르도 다빈치가 그린 르네상스 시대의 초상화. 영화 <모나리자 스마일>에서는 이 그림의 미소가 가진 이중적 함의를 통해 당시 여성들이 사회적 기대와 개인의 자율 사이에서 겪는 내면적 갈등을 상징적으로 보여주는 핵심 매개체로 활용된다.

멘델스존의 여성 3중창은 영화 속 서로 다른 목소리를 지닌 여주인공들이 교육과 예술을 통해 자립해 가는 정서적 구조와 자연스럽게 맞물린다.

소프라노 1, 소프라노 2, 알토의 3성부로 이루어진 합창 편성. 각 성부는 여러 명으로 구성될 수 있으며, 전체 합창은 3명보다 훨씬 많은 인원으로 이루어질 수 있다. 보통 각 성부당 최소 3~4명 이상, 많게는 수십 명으로 구성되기도 한다.

어져 있다. "네 눈을 들어 산을 보라"라는 시편의 가사를 담아 따뜻하고 단단한 위로의 목소리를 전한다. 영화 초반 학생들이 강당으로 입장할 때 등장한 노래는 보수적 규범과 이상적인 여성상을 은은하게 강조하는 분위기로 사용했다. 반대로 이 장면에서 멘델스존의 음악은 전통의 무게가 아니라 캐서린의 소신을 응축한 고요한 결단으로 울린다.

여전히 음악이 흐르는 가운데 수업을 마친 캐서린이 자신의 교사실로 돌아오니 방 안에 학생들이 남긴 해바라기 그림들이 놓여 있다. 각자의 방식으로 그려낸 그림들은 그의 지도가 학생들의 마음속에 깊이 스며들었음을 보여주는 헌사로 반영된다. 특히 주체적인 시선으로 세상을 바라보게 된 학생들의 변화를 함축한다. 이때 조앤이 말한다.

"그림이 아니면 무엇으로 저희를 기억하시겠어요?"

학생들이 캐서린을 중심으로 모이고, 그는 미소 짓는다. 그 희색은 자신이 틀리지 않았음을 확인하는 자기 확신이자 새로운 가능성을 향한 담대함으로 읽힌다. 이제 '네 눈을 들어라'는 캐서린이 떠나는 이유와 그가 학생들에게 남긴 기억을 전하며, 억압적인 현실 속에서도 희망과 자율적 선택을 지키라는 메시지를 내포한다.

모나리자 스마일Mona Lisa Smile

개봉 2003년

감독 마이크 뉴웰

출연 줄리아 로버츠, 커스틴 던스트, 줄리아 스타일스 외

국가 미국

장르 드라마, 청춘, 여성 서사

관람 등급 12세 이상 관람 가

펠릭스 멘델스존 Felix Mendelssohn, 1809~1847

오라토리오 <엘리야, Op.70> 중

제27곡 '네 눈을 들어라'

작곡 연도 1846년

장르 오라토리오(여성 3중창)

감정 키워드 위로, 갈등, 자기 성찰, 해방, 이별

감정이 금기를 넘을 때

영화 <색, 계>

브람스 <6개의 피아노 소품>

* 끌림의 문이 열린 순간 *

이안 감독의 <색, 계>는 스파이 임무라는 팽팽한 긴장 위에, 인간의 욕망이 만들어내는 오묘한 균열을 숨 막히게 그려낸 작품이다. 일제 점령기 상하이, 젊은 여대생 왕치아즈(탕웨이 분)는 항일 조직의 일원으로 일본 권력기관의 핵심 인물이자 변절자인 이 선생(양조위 분)에게 접근해 암살 임무를 수행해야 한다. 처음엔 연극 동아리 출신 동료들과 함께 위장 부부로 그의 부부 모임에 침투해 천천히 관계를 넓혀간다. 그러다 폭우가 쏟아지던 어느 날 이 선생의 부인을 만나기 위해 그의 집에 도착했을 때, 우산이 그만 뒤집어져 우왕좌왕하는데 이 선생이 뒤에서 우산을 씌워준다. 이 짧은 장면은 두 사람이 직접적으로 마주하는 전환점을 만든다.

곧 이 선생의 집에서 마작 모임이 열린다. 이 선생은 비 때문에 약속이 취소되었다며 부인들과 함께 게임을 한다. 왕치아즈는 상류층 여성인 막 부인이라는 가명으로 그 자리에 앉아 교묘하게 그의 마음에 유혹의 씨앗을 심는다. 게임이 진행되는 동안 왕치아즈는 양복점 소개를 핑계로 이 선생에게 은근히 연락처를 준다. 이는 명백한 작전의 일부지만, 동시에 왕치아즈의 마음속에서 알 수 없는 흔들림이 시작되는 구간이기도 하다. 며칠 뒤 두 사람은 함께 양복점에 간다. 왕치아즈는 미리 준비한 매혹적인 옷으로 갈아입고 이 선생의 시선을 사로잡고, 이 선생은 그를 식당으로 이끌어 함께 저녁 식사를 한다.

바로 이때 식당의 피아니스트가 브람스의 <6개의 피아노 소품> 중 두 번째 곡(간주곡 A장조)을 연주하기 시작한다.▶ 00:49 왕치아즈는 혼자라는 외로움을 티내며 그를 현혹하고, 이 선생은 그의 말에서 묘한 정동적 끌림을 느낀다. 왕치아즈는 남편이 늘 출장만 다니고 집에 없다면서 "연애하기는 좋죠"라며 노골적으로 다가서고, 이 선생은 입에 물던 담배를 그에게 건네며 경계심을 허문다.

은은히 흐르는 브람스의 서정적인 선율은 두 사람의 긴장을 감싼다. 식당 장면에서 왕치아즈의 불안과 설렘이 음악 속에 스며들며 의도된 연극이 서서히 현실로 번져간다.

* 브람스가 만든 여백 *

브람스의 간주곡은 그가 만년에 남긴 가장 내밀하고 섬세한 작품 중 하나다. 빠르지도, 극적이지도 않은 이 곡은 은밀한 공간에서 흘러나오는 고백처럼 들린다. <색, 계>의 식당 장면에서 이 곡이 선택된 이유도 바로 그 때문이다. 말보다 먼저 다가오는 내면, 시선보다 깊은 흐름이 두 사람 사이에 자리 잡는다.

'부드럽게, 다정하게'(andante teneramente)는 단순한 속도 표시가 아니다. 서두르지 않고 다가오는 감정, 숨겨진 속마음을 보이라는 음악적 암시로 읽을 수 있다. 영화 속 이 선생과 왕치아즈의 관계 역시 표면은 차분하지만, 그 이면에는 억제된 욕망과 흔들리는 마음이 도사리고 있다. 음악은 은근한 심리를 비춰주며 두 인물이 서로를 탐색하는 찰나를 더욱 선명히 만든다.

브람스는 1893년 여름 오스트리아 바트이슐에서 이 곡을 만들었고, 가을에 클라라 슈만에게 헌정의 편지와 함께 악보를 보냈다. 브람스는 평생 결혼하지 않았으며, 클라라는 이미 로베르트 슈만의 아내이자 여덟 자녀의 어머니였다. 슈만이 병원에 입원한 시기부터 두 사람은 더욱 가까워졌고, 이후에도 수십 년간 서신을 주고받으며 깊은 교감을 나눴다. 음악적 동료이자 영혼의 동반자였지만, 사회적으로는 '금지된 사랑'이었다. 그래서 <6개의 피아노 소품>은 단순한 소품이 아니라 은밀한 감정의 그림자를 담으며, 영화 속 식당 장면의 심리와도 자연스럽게 맞닿는다.

곡의 구조도 이들의 정서적 흐름과 닮아 있다. 처음은 서정적이고 부드럽지만, 중간으로 갈수록 단조롭고 불안한 색채가 드리워지고, 다시 잔잔한 흐름으로 돌아온다. 이 간주곡이 전하는 메시지는 '금기'다. 사랑을 가장한 임무, 거짓 속에 숨겨진 진심, 짧지만 가장 진실된 순간이 바로 음악이 허락한 공간 안에서 드러난다. 브람스는 그 속마음을 꾸미지 않고 고스란히 드러내며 두 인물을 무방비 상태로 만든다. 관객은 이 음악을 통해 단순한 첩보극의 긴장이 아니라, 그 안에 숨어 있던 인간적 떨림을 목격하게 된다.

색, 계(色, 戒)

개봉 2007년

감독 이안

출연 양조위, 탕웨이, 조안 첸, 왕리홍 외

국가 미국, 중국, 홍콩, 대만

장르 심리 멜로, 시대극, 첩보 드라마

관람 등급 청소년 관람 불가

요하네스 브람스 Johannes Brahms, 1833~1897

6개의 피아노 소품, Op.118 중

제2곡 '간주곡 A장조'

작곡 연도 1893년

장르 피아노 독주곡

감정 키워드 억눌림, 유혹, 고백, 내밀함, 감정의 균열

침묵의 질서

시리즈 <매니페스트>

바흐 <무반주 바이올린 소나타 1번>

* 숨은 신호 *

넷플릭스 시리즈 <매니페스트>는 항공편 828편이 이륙 후 5년 반 동안 실종됐다가 갑작스레 귀환하면서 시작된다. 승객들이 비행기에 탑승한 시간은 단 몇 시간이었지만, 지상에서는 이미 반십 년이 흘러 있었다. 이 초현실적인 사건은 단순한 귀환 이야기를 넘어 "운명은 정해진 것인가, 아니면 선택 가능한가?"라는 질문을 던진다.

828편의 귀환 이후 승객들은 하나같이 '계시'(Calling)라 불리는 초자연적 신호를 경험한다. 어떤 이는 환청처럼 목소리를 듣고, 어떤 이는 시각 이미지나 상징을 목격한다. 이

징후는 개인의 체험에 머물지 않고, 종종 현실 사건과 맞물려 인류 전체의 명운을 결정짓는 단서가 된다. 특히 '사망 날짜'(Death Date), 즉 모든 승객의 죽음을 예고한 시간표는 언젠가 이들이 함께 죽음을 맞이할 수 있음을 암시하며 극의 긴장을 높인다.

정부는 처음에는 계시를 종교적 착각이나 심리 현상으로 치부했으나 곧 입장을 바꾼다. 초월의 패턴이 사건의 본질을 해명하고 생존과 직결되는 정보라는 인식이 자리 잡는다. 이로써 승객들은 피해자가 아니라 감시와 통제의 대상이 되고, 때로는 정부가 탐내는 정보원이 된다.

이 흐름은 시즌 4 12화 '탈출'(Bug Out)에서 뚜렷해진다. 승객 조 버틀러(브루 아르주이아이치 분)는 잉크, 숫자, 클래식 음악이 섞인 계시를 받고, 정부는 이를 해독하기 위해 그의 아들을 미끼로 협상한다.▶12화, 00:12 이는 정부가 계시를 생존의 결정적 단서로 여긴다는 점을 보여준다.

이어 미카엘라 스톤(멜리사 록스버그 분)과 자레드(제이 아르 라미레즈 분)가 골동품 상점에 들어섰을 때 바흐의 <무반주 바이올린 소나타 1번>의 1악장(매우 느리게)이 흐른다.▶12화, 00:17 미카엘라는 "여기가 맞아야 해. 클래식 음악을 틀어둔 유일한 곳이잖아"라고 말한다. 이 순간 음악은 무형의 메시지가 형태를 얻는 지점이 된다.

　계시는 눈에 보이지 않는 패턴이다. 정부는 그것을 해독 가능한 데이터처럼 다루려 하지만, 그 본질은 인간의 통제를 벗어난 신비로운 질서에 있다. 이 역설이 시리즈 전체의 갈등을 형성하고, 음악은 그 미스터리를 증폭시키는 매개가 된다.

* 운명과 선택 *

미카엘라와 자레드가 상점에 들어서며 바흐의 음악을 마주했을 때, 자레드는 쓸쓸히 울려 퍼지는 바이올린의 선율을 들으며 "조짐이 좋네"라고 말한다. 음악은 이제 인물들을 이끌어가는 숙명의 신호로 작용한다.

　<무반주 바이올린 소나타 1번>의 첫 악장은 느리고 차분한 템포 위에서 묵직한 화음과 장식음이 교차하는 구조다. 반주 없이 오직 한 대의 바이올린으로 연주하지만, 한 줄기 선율로 여러 소리가 겹쳐진 듯한 화성적 울림을 만든다. 바흐는 이 기법으로 마치 여러 악기로 동시에 연주하는 것 같은 착각을 일으킨다. 이러한 구성은 엄숙한 분위기를 자아내며 주인공들의 내면 갈등과 궁극의 화두를 나란히 전한다.

이 음악 형식은 시리즈의 세계관과도 강렬한 평행을 이룬다. 독주 구조는 외부의 도움 없이 계시라는 내적 목소리에만 의지해야 하는 승객들의 처지를 상징한다. 아울러 독립적인 성부들이 질서 속에 공존하는 다성적 기법은 현실과 징후, 현재와 미래, 개인과 공동체가 서로 교차하는 드라마의 구조와 맞물린다.

칼#(타이 도란 분)이 조의 내면 신호에 접속하는 장면에서도 음악이 다시 울린다.▶12화, 00:24 이번에는 828편 기내라는 환영 속에서 퍼지며, 동시에 '샹들리에'라는 단서가 드러난다. 음악은 인물의 감정과 표징의 비밀을 이어주며 사건의 방향을 결정짓는다.

바흐의 소나타는 엄격한 화음 진행 속에서도 불안과 긴장을 내포한다. 낮게 울리는 음형은 땅 밑에서 끓어오르는 운명을 예고하고, 그 위로 얹힌 형식적 선율은 인간의 갈망과 질문을 포착한다. 이 곡은 단선적 해석이 불가능한 징후, 즉 드라마의 철학적 질문을 순수하고 절제된 형태로 담아내는 메타포가 된다. 무반주 바이올린의 진동은 필연의 불가해함을 가장 맑은 소리로 증인하며 깊은 사색의 여운을 남긴다.

매니페스트Manifest

공개 연도 2018~2023년

총괄 제프 레이크

출연 멜리사 록스버그, 조시 댈러스, 파르빈 카우르 외

국가 미국

장르 SF, 미스터리, 초자연 스릴러, 휴먼 드라마

관람 등급 15세 이상 관람 가

요한 제바스티안 바흐 Johann Sebastian Bach, 1685~1750

무반주 바이올린 소나타 1번, BWV1001 중

제1악장 (매우 느리게)

작곡 연도 1720년경

장르 무반주 바이올린 독주곡

감정 키워드 예지, 숙명, 긴장, 고독, 신비, 연결

차분한 선율이 만드는 긴장

영화 <파과>

바흐 <브란덴부르크 협주곡 4번>

* 상처 속 품위 *

<파과>#는 민규동 감독 특유의 절제와 여성 인물의 존재론적 투쟁이 결집된 누아르 스릴러다. 60대 여성 킬러 조각(이혜영 분)의 생애 마지막 국면을 따라가며 생존 본능과 직업적 윤리, 무너져가는 자존감 사이에서 흔들리는 노년 여성의 심리를 섬세하게 추적한다. 이 영화에 삽입된 바흐의 <브란덴부

\# '깨진 과일' 또는 '상한 열매'를 뜻하는 한자어로, 겉은 멀쩡해 보여도 속은 이미 무르고 상처 입은 존재를 상징한다. 영화에서는 노쇠한 여성 킬러 조각의 육체적, 정신적 균열과 조직에서 버려지는 실존의 운명을 은유하며, 동시에 상처 속에서도 의외의 단맛과 품위를 지닌 인물의 정서를 함축한다.

르크 협주곡 4번> 중 2악장은 부상에서 회복한 조각이 조직 사무실로 돌아와 손 실장(김강우 분)과 대치하는 장면에 흐르며, 주인공의 침묵 뒤에 감춰진 격정과 과거의 결의를 일깨우는 정서적 임계점으로 작용한다.

영화 초반에는 신참 킬러 투우(김성철 분)가 조각과 충돌하는 장면을 비발디의 <사계> 중 '여름' 1악장(적당히 빠르게)#이 역동성과 전투적 에너지로 채색하는데,▶00:21 이는 뒤에 올 바흐의 흐름을 상반되게 표현하며 영화가 음악을 감정의 대사로 어떻게 활용하는지를 여실히 보여준다.

바흐의 <브란덴부르크 협주곡>은 조각이 부상을 입고 조직, '신성방역' 본부로 돌아간 직후의 장면에 어우러진다. 조각은 조직의 룰을 어긴 킬러를 제거하다 역습을 받고 큰 부상을 입는다. 우연히 마주친 동물병원 수의사 강 선생(연우진 분)에게 치료를 받은 뒤 상처가 채 아물지 않은 상태로 사무실에 도착한 조각은 손 실장과 마주한다. 이 장면에서 바흐의 음악이 서스펜스를 일으킨다.▶00:40 손 실장이 고기를 손질하며 조각의 약해진 모습을 언급하는 순간이다. 조각은 실장이 신참을 시켜 자신에게 미행을 붙인 것에 불만을 표출한다. 실장

\# 비발디 <조화와 창의의 시도, Op.8>(c.1723) 중 제2번 '여름'(RV315)의 1악장

은 조각의 실력을 의심하며 조직을 업그레이드하려는 속셈으로 조각의 동의 없이 킬러 투우를 영입해 조각을 감시, 견제하도록 지시한 것이다. 이 무거운 형세 위로 바흐의 느린 선율이 흐른다. 음악은 현악기와 하프시코드의 탄탄한 대위석(counterpoint)# 구성으로 팽팽한 분위기를 만들어내며 조각의 카리스마와 맞물려 관객의 심적 반응을 끌어올린다.

* 쓸 만한 칼날 *

바흐의 <브란덴부르크 협주곡>은 1721년, 작센의 브란덴부르크 공작에게 헌정된 여섯 곡의 협주곡 가운데 하나다. 바흐는 당시 쾨텐 궁정악장으로 일하고 있었지만, 새로운 후원자를 찾고자 한창 움직이던 시기였다. 이 작품집은 일종의 '이력서'로, 자신이 쌓아온 음악적 성취와 대위법적 상상력을 과시하는 증거였다. 바로크 시대에 흔했던 사교를 위한 식탁 음

둘 이상의 독립된 선율을 농시에 진행시키는 음악저 기법. 각 성부가 개별적 성격을 유지하면서도 서로 조화를 이루도록 짜여지는 것이 특징이다. 르네상스와 바로크 시대에 특히 발달했으며, 대표적으로 바흐의 <푸가의 기법, BWV1080>, <평균율 클라비어곡집, BWV846~893> 등이 대위법의 정수로 꼽힌다.

악(table music, tafelmusik)#이 아니라, 바흐의 경력을 집약한 음악적 자기소개서라 할 수 있다.

그 가운데 '4번' 협주곡의 2악장(느리게)은 플루트(혹은 리코더), 바이올린, 하프시코드가 서로 교차하며 긴장을 직조한다. 표면적으로는 차분한 선율이지만, 속을 들여다보면 끊임없는 주고받음과 미묘한 밀고 당김이 숨어 있다. 각 성부가 자기 목소리를 유지하면서도 전체 구조 속에서 균형을 이루는 방식은 바로크 음악의 대위법적 정수를 보여준다. 이는 영화 속 조각이 처한 상황과 놀라울 만큼 닮아 있다. 조각은 말수가 적고 표정 변화도 거의 없지만, 음악은 이를 외면하지 않는다. 오히려 음표 하나하나가 그의 자제력, 분노, 마지막 긍지를 응축해 드러낸다.

바흐의 음악이 멈춘 뒤에 나온 대사도 의미 있다. 실장이 "칼이 안 든다"고 말하자 음악은 멈추고 조각은 표정 변화 없이 그가 든 칼을 빼앗으며 자신이 직접 고기에 찔러본다. 조각은 실장에게 위협적으로 "이 칼이 좀 무뎌 보이긴 하는데, 아직 충분히 쓸 만한 것 같아. 꼴을 보니까 길거리에서 아무나 주워다 이 일 저 일 시키는 거 같은데, 우리 일은 악성 벌레를 퇴치하는 신성한 일이야"라고 말한다. 곡은 한편으로 냉소도 과잉된 정서도 아닌, 묵직한 조각의 신념으로 전환시키는 역할도 짊어진다. 갈등과 위협이 격화되는데, 뒤이어 음악이 절제와 구조의 미학으로 이를 더욱 증폭시킨 것이다.

또 하나 주목해야 할 부분이 있다. 바흐의 음악이 영화 속에서 단 한 번 등장한다는 사실이다. 반복적 장식이 아니라, 이야기의 결정적 분기점에 쓰였다는 점에서 의외로 그 상징성이 한층 커진다. 음악은 조각이 더 이상 침묵하지 않고 행동으로 전환하는 순간을 기다리며 캐릭터의 내적 각성을 관객에게 슬며시 전한다.

마침내 <브란덴부르크 협주곡 4번> 2악장이 스며들어 영화 속 조각이라는 인물의 철학적 핵심을 번역한다. 정숙하고 단단한 바흐의 선율은 상처 입고 흔들리는 주인공의 존엄을 마지막까지 지탱해주는 무형의 무기처럼 작동한다. 그리고 이 순간, 관객은 단순한 액션의 스릴을 넘어 한 인간이 끝까지 지키고자 한 자기 신조의 무게를 함께 느끼게 된다.

파과 The Old Woman with the Knife

개봉 2025년

감독 민규동

출연 이혜영, 김성철, 연우진, 김무열 외

국가 한국

장르 누아르, 스릴러, 심리 드라마

관람 등급 15세 이상 관람 가

요한 제바스티안 바흐 Johann Sebastian Bach, 1685~1750

브란덴부르크 협주곡 제4번, BWV1049 중

제2악장 (느리게)

작곡 연도 1721년

장르 합주 협주곡(Concerto Grosso)

감정 키워드 긴장, 존엄, 억제, 위협, 분노

애잔한 의지

영화 <아가씨>

모차르트 <클라리넷 5중주>

* 이중적 선율 *

박찬욱 감독의 <아가씨>는 욕망과 배신, 구원을 향한 인간의 내밀한 서사를 치밀하게 엮어낸 작품이다. 일제 강점기 조선, 아가씨 히데코(김민희 분)는 겉으로는 고상한 귀족 아가씨처럼 보이지만, 사실상 이모부 코우즈키(조진웅 분)의 저택 안에서 '음란 서적 낭독'이라는 끔찍한 굴레에 묶여 살아간다. 화려한 저택은 감옥이 되고, 히데코의 삶은 고통과 두려움에 갇혀 있다. 이 닫힌 세계에 균열을 내는 존재가 숙희(김태리 분)다. 숙희는 사기꾼 백작(하정우 분)과 공모해 히데코의 재산을 노리며 하녀로 들어오지만, 점차 히데코의 상처를 직시하는 유일한 동반자가 된다. 그는 히데코의 화려한 외양 뒤에 감춰진 고통을 알아보고 연민과 애정을 갖는다.

이 혼돈의 드라마 속에서 모차르트의 <클라리넷 5중주 A장조, K.581>이 울려 퍼지는 순간은 결정적이다. 코우즈키는 후견인이라는 명분 아래 상속자 히데코의 재산을 노리고, 그를 학대하며 자신의 성적 판타지를 채우는 도구로 삼는다. 그 수단으로 그는 백작과 히데코의 결혼을 허락하고, 자신의 지배 아래 둔 백작을 통해 합법적으로 히데코를 구속하려 한다. 백작과 코우즈키는 이해관계로 손을 잡았지만 서로를 철저히 불신한다. 그러나 히데코는 이미 모든 사실을 눈치채고 있다. 한편 숙희와 히데코는 저택을 벗어나 결혼 준비를 이유로 백작을 만난다. 백작은 히데코를 사랑하기보다는 히데코의 재산과 매력에 집착하는 인물이다. 그는 히데코를 순종적으로 지배할 수 있다고 믿으며, 재산을 완전히 차지하기 위해 숙희를 히데코로 위장해 정신병원에 가두려는 계략을 짠다. 그러나 히데코는 이 모략을 역으로 이용한다.

숙희를 정신병원에 보내고 울적해진 히데코는 백작에게 묘한 표정으로 배고프다고 말한다. 두 사람은 레스토랑에서 식사를 한다. 레스토랑 신으로 전환하며 곧장 들려오는 것이 모차르트 <클라리넷 5중주>의 2악장이다. ▶01:54 백작은 러시아 귀족의 별장 사진을 내밀며 그곳에서 결혼식을 올리자고 제안한다. 클라리넷의 부드럽고 서정적인 가락은 두 사람 사이에 흐르는 미묘한 긴장선을 드러내며 겉과 속이 다른 심리를 비춘다. 백작은 모든 것이 계획대로 흘러간다고 믿지만, 히데코는 그의 속셈을 꿰뚫고 있다. 순종적인 아가씨의 가면이 아닌, 해방을 향한 욕망을 노출하는 히데코의 이중적 상태를 은연히 상징한다.

* 모차르트가 비춘 자유의 초상 *

<클라리넷 5중주 A장조>는 1789년, 모차르트가 빈에서 궁정 클라리넷 연주자 안톤 슈타들러를 위해 작곡한 후기의 걸작이다. 클라리넷의 따뜻하고 인간적인 질감을 최대한 살려낸 이 작품은 실내악 역사에서 가장 빛나는 성취 중 하나로 꼽힌다. 특히 2악장 '아주 느리게'(larghetto)는 화려한 기교보다 서정과 내밀함을 강조한 대목이다. 잔잔히 흐르는 선율은 인간의 마음 가장 깊은 곳을 어루만지는 듯하며, 누군가의 고백처럼 관객에게 다가온다. 이 작품이 삽입된 이유는 명확하다. 저택은 더 이상 안식처가 아닌 철저한 감시의 공간이다. 그

속에서 모차르트의 음악은 잠시나마 숨통을 틔워주는 영혼의 도피처가 된다.

전반적으로 2악장은 맑고 애잔한 음색이다. 이는 관객에게 히데코의 마음속 깊은 곳에 묻혀 있던 자유의 갈망을 깨우듯 보여준다. 음악이 흐르는 순간 히데코의 얼굴은 무표정해 보이지만, 관객은 그 안에서 흔들리는 내면을 감지한다. 이는 반전의 서막을 알리는 징후인 동시에 히데코와 숙희의 연대를 예고하는 것임을. 클라리넷과 현악기의 섬세한 앙상블처럼 이후 두 여성은 서로 다른 존재지만 점차 조화를 이루며 통제를 깨뜨릴 힘을 얻는다.

<클라리넷 5중주>는 단순히 감정을 꾸미는 음악이 아니다. 억압과 속박, 기만과 진실, 파괴와 구원의 서로 다른 세계를 해부하는 열쇠다. 히데코의 무심한 눈빛, 숙희를 향한 은밀한 애정, 백작을 속이려는 냉철한 계산 등 이 모든 복잡한 상황이 음악 속에서 겹쳐진다. 모차르트의 곡이 지닌 투명한 톤은 해탈을 향한 인간 정신의 고귀한 몸부림을 관객 앞에 드러내며 영화의 주제를 은밀하지만 강렬하게 울려 퍼뜨린다.

아가씨 The Handmaiden

개봉 2016년

감독 박찬욱

출연 김민희, 김태리, 하정우, 조진웅 외

국가 한국

장르 심리 스릴러, 시대극, 에로틱 스릴러

관람 등급 청소년 관람 불가

볼프강 아마데우스 모차르트 Wolfgang Amadeus Mozart, 1756~1791

클라리넷 5중주 A장조, K581 중

제2악장 (조금 느리게)

작곡 연도 1789년

장르 실내악(클라리넷, 바이올린 2, 비올라, 첼로)

감정 키워드 내밀함, 연민, 고요함, 긴장, 해방

잔해 위에 울린 왈츠

영화 <콘크리트 유토피아>
요한 슈트라우스 2세 <봄의 소리 왈츠>

* 기묘한 축제의 서막 *

초대형 지진으로 서울이 무너졌다. 자연재해가 할퀸 도시는 폐허로 변했고, 오직 황궁아파트 103동만 남아 있다. 민성(박서준 분)이 커튼을 젖히자 엉망이 된 도시의 전경이 보인다. 이때 카미유 생상스의 <동물의 사육제> 중 제13곡 '백조'(1886)#의 편곡 선율이 나팔 소리로 울린다.▶00:04 음악은 디스토피아적 배경과 정서적으로 부조화적인 대비 효과를 만든다. 영화는 참혹한 서울의 모습을 담담히 비추며 관객에

본래 '백조' 파트는 첼로와 피아노를 위한 곡이다.

게 비극적 현실을 받아들이게 한다. '백조'는 생상스가 병상에 누운 소녀를 위해 쓴 곡이다. 그래서인지 이 장면에서 곡은 삶과 죽음, 희망과 절망이 공존하는 감정의 경계선을 짙게 형성한다.

외부 생존자들이 황궁아파트로 몰려들면서 주민들은 위기를 느끼고, 부녀회장 금애(김선영 분)의 추천으로 화재 현장에서 용감하게 불을 진압한 영탁(이병헌 분)이 주민 대표로 선출된다. 주민들은 살아남기 위해 철저한 규칙을 세운다. 외부인을 차단하고, 내부 질서를 유지하기 위해 감시와 처벌을 도입한다. 고립된 아파트는 점점 하나의 작은 국가처럼 기능하기 시작하고, 그 안에서 사람들은 자신의 생존 본능과 도덕 사이에서 갈등한다.

능청스럽게 황궁아파트 주민 수칙을 전하는 금애의 목소리 뒤로 소프라노 조수미가 부른 요한 슈트라우스 2세의 <봄의 소리 왈츠>#가 흐른다.▶00:39 주민들의 표정은 활기차지만 미묘하다. 이 음악은 마치 현실의 고통을 가리는 듯하다. 춤을 추듯 흐르지만, 리듬 속에 암담함이 배어 있다. 이 장면은

\# 이 곡은 본래 오케스트라로 연주되는 대표적인 관현악 왈츠다. 영화에 삽입된 조수미의 버전은 오스트리아 피아니스트이자 작곡가인 알프레트 그륀펠트(Alfred Grünfeld, 1852~1924)가 가사를 붙여 노래로 변주한 곡이다.

명백히 연출된 봄이다. 아파트 주위는 여전히 황폐하고, 아무런 희망도 보이지 않는다. 그러나 주민들은 평범한 일상을 영위하며 참혹한 현실을 망각한 채 미소를 띤다.

* 왈츠가 만든 거짓된 낙원 *

요한 슈트라우스 2세#는 "왈츠의 왕"이라 불리며 19세기 빈을 대표하는 음악가였다. 그의 작품 <봄의 소리 왈츠>는 빈의 화려한 무도회장을 위한 음악이다. 춤추고 사랑에 빠지는 행복한 순간들을 그리며 현실의 고민과 고통을 잠시 잊게 하는 낙천적인 선율이다. 당시 빈의 시민들에게 왈츠는 현실에서 벗어난 몽상의 공간이자 작은 유토피아였다.

왈츠##는 원래 공존의 리듬이다. 둘이서 함께 박자를 맞추고, 같은 방향으로 회전해야 완성된다. 그러나 이 영화 속에선 아무도 함께 돌지 않는다. 각자 자기 안의 공포를 숨기고

\# 요한 슈트라우스 2세(1825~1899)는 <봄의 소리 왈츠> 외에 <아름답고 푸른 도나우, Op.314>(1867), <황제 왈츠, Op.437>(1889), <박쥐 서곡, Op.362>(1874), <피치카토 폴카, Op.449>(1890) 등으로 유명하다. 이 작품들은 19세기 빈의 왈츠와 오페레타 전통을 대표하며, 그의 광범위한 작품 중 가장 널리 연주되었다.

회피하며 겉으로만 웃는다. 음악은 분열된 공동체를 잠시 이어주는 듯 보이지만, 실은 그 분열을 더욱 분명히 드러낸다.

영화는 슈트라우스의 밝은 음악을 반어적으로 사용해 "희망의 이면에 숨겨진 허상"을 묘사한다. 실제의 문제를 덮는 도피의 도구가 아니라 현장의 잔혹함을 더 명확히 드러내는 거울로 쓴다. 이 음악은 우리에게 묻는다. 이토록 아름다운 선율은 현세의 고통을 덜어주는 위안일까, 아니면 고통을 기피하게 만드는 달콤한 착각일까?

3/4박자의 유럽 댄스 음악으로, 18세기 말부터 19세기 빈에서 무도회와 사회적 교류의 중심 역할을 했다. 요한 슈트라우스 2세의 <아름답고 푸른 도나우>와 같은 작품으로 콘서트 음악으로서 예술적 지위를 획득했다. 이 장르는 우아한 선율과 리듬으로 합스부르크 제국의 문화적 정체성을 반영했다.

콘크리트 유토피아Concrete Utopia

개봉 2023년

감독 엄태화

출연 이병헌, 박서준, 박보영 외

국가 한국

장르 드라마, 재난 스릴러, 디스토피아

관람 등급 15세 이상 관람 가

요한 슈트라우스 2세Johann Strauss II, 1825~1899

봄의 소리 왈츠, Op.410

작곡 연도 1883년

장르 관현악과 소프라노를 위한 왈츠

감정 키워드 희망, 환상, 아이러니, 대비

말하지 못한 사랑

영화 <말할 수 없는 비밀>

리스트 <단테를 읽고-소나타풍 환상곡>

* 초월적 사랑 *

2025년 개봉한 <말할 수 없는 비밀>은 2007년 개봉한 대만의 동명 영화를 한국적 감성과 시선으로 재해석한 리메이크 작품이다. 원작이 악곡과 시간 여행을 교차시키며 청춘 멜로의 전형을 세웠다면, 이 작품은 보다 정교한 음악적 장치와 상징적 해석으로 말하지 못한 감정의 무게를 탐구한다.

주인공은 천재 피아니스트 유준(도경수 분)과 신비로운 전학생 정아(원진아 분). 두 사람은 피아노라는 매개로 빠르게 가까워지지만, 곧 관객은 정아의 존재가 현실과 어긋나 있음을 감지한다. 정아의 주변 학생들은 정아를 없는 사람처럼 여기고, 정아는 갑자기 나타났다가 흔적 없이 사라지기도 한다.

음대 강의실에서 유준의 아버지이자 교수인 승호(배성우 분)가 강의하는 내용은 그러한 불안정성을 암시한다.▶00:14 그는 화성학에서 '나폴리 6화음'#을 예로 들며 낯선 전환이 음악의 긴장을 폭발시키거나 전혀 예상치 못한 전개를 만들어 낼 수 있다고 설명한다. 이 이론은 영화 전체의 정서적 구조를 비춘다. 억눌린 감정과 숨겨진 비밀이 어느 순간 불시에 드러날 수 있음을 예고하는 복선으로 기능하는 것이다.

이는 곧 리사이틀 장면에서 현실이 된다. 명피아니스트이자 유준의 어머니인 연서(강경헌 분)는 무대에서 리스트의 <단테를 읽고-소나타풍 환상곡>##을 연주한다.▶00:55 장중한 저음, 연속되는 격정, 붕괴 직전의 화성은 단테《신곡》의 '지옥 편'을 음악으로 시각화한 듯한 긴장을 자아낸다. 그러나

화성학은 화음을 만들고 이어가는 법칙을 다루는 음악 이론으로, 곡의 긴장과 해소를 설명하는 기초 학문이다. 이 과정에서 자주 언급되는 나폴리 6화음은 주로 단조에서 쓰이는 특별한 화음으로, 낯선 긴장감을 만든 뒤 곧바로 반전이나 전환을 이끌어내는 데 활용된다. 영화에서는 이 화음이 억눌린 감정이 갑자기 드러나는 순간을 예고하는 장치로 쓰인다.

이 곡의 제목은 프랑스 낭만파 시인인 빅토르 위고(Victor Hugo, 1802~1885)의 시집《내면의 목소리》(Les Voix interieures, 1837)에 수록된 시 <단테를 읽고>에서 따온 것이다. 하지만 작곡의 실제 영감은 이탈리아 시인 단테 알리기에리의 대서사시《신곡》(1321)에서 비롯됐다.

객석의 유준은 음의 흐름에 몰입하지 못한다. 정아가 오지 않은 빈자리가 마음을 파고들고, 그 부재가 리스트의 멜로디와 겹쳐지며 상실의 감각은 배가된다.

'단테를 읽고'는 하행 베이스, 불협화음의 전조, 폭발적 옥타브로 인간 내면의 죄책감과 절망을 극적으로 묘사한다. 영화 속에서는 이 음악이 유준의 심리에 직접 그림자를 드리운다. 리스트의 건반에서 터져 나오는 격정은 사라진 정아를 의식하게 만들고, 보이지 않는 존재를 드러낸다. 이 순간 영화는 단순한 청춘 로맨스가 아닌 시간과 현실을 넘어선 초월적 사랑이라는 기조를 명확히 한다. 단테의 지옥이 죄와 속죄의 과정을 탐구했듯, 리스트의 작품은 유준이 마주하게 될 감정의 심연을 미리 보여주며 관객을 서사의 지하 세계로 끌어내린다.

* 고통을 포착한 음향 *

영화 중반부로 들어서면서 유준과 정아의 관계는 더 깊어지나 균열 또한 명확해진다. 정아는 함께 웃으며 피아노를 치다가도 그들 사이의 알 수 없는 비밀 때문에 유준의 곁에서 아

스라이 멀어지곤 한다. 혼란이 절정에 달할 때 리스트의 음악
이 다시 흐른다. ▶ 01:10

　유준이 학교 무대에서 연주하는 쇼팽 <피아노 협주곡 1번,
Op.11>(1830)이 서정과 위안을 전하는 반면, 회상처럼 겹치
는 리스트의 '단테를 읽고'는 상실과 시간의 벽, 피할 수 없는
절망을 소리로 형상화한다. 두 음악의 교차는 안식과 고통이
동시에 작동하는 영화 속 감정 구조를 입체적으로 만든다.

　후반부, 정아가 과거의 인물이며 현재와 공존할 수 없다는
사실이 드러나자, 리스트의 음악은 영화의 기류를 압축하는
주제로 변한다. 단테가 지옥을 묘사하며 절망과 희망을 동시
에 다뤘듯, 영화는 이 곡으로 "말하지 못한 사랑"의 본질을 포
착한다. 사랑은 시간의 벽에 가로막히고, 그 불가능성은 음형
의 격정 속에서 형상화된다.

　마지막 장면에서 유준은 피아노 앞에 앉아 건반을 바라보
지만, 소리를 내지 못한다. 이때 다시 리스트의 선율이 들려
온다. 이전의 폭발적 울림이 아니라 속살 깊숙이 스며드는 잔
향으로, 고통 속에서도 희미한 초월의 가능성을 남긴다.

　영화의 제목이 "말할 수 없는 비밀"인 이유는 여기서 분명
해진다. 언어로는 다 전할 수 없는 감정, 붙잡을 수 없는 존재,
끝내 도달할 수 없는 사랑이 오직 곡을 통해 비로소 드러난

다. 쇼팽은 위로를, 리스트는 상흔을 들려주고, 두 감정은 한 인물 안에서 공존한다. 결국 리스트의 '단테를 읽고'는 영화의 기운을 응결시키고 모든 고통을 포착하는 표상적 음향으로 자리한다. 관객이 듣는 곡은 단테가 묘사한 지옥의 울림이자, 주인공의 심해에서 지워지지 않는 슬픔의 메아리다.

말할 수 없는 비밀

개봉 2025년

감독 서유민

출연 도경수, 원진아, 신예은 외

국가 한국

장르 판타지 멜로, 리메이크

관람 등급 전체 관람 가

프란츠 리스트 Franz Liszt, 1811~1886

순례의 해-제2년: 이탈리아, S161 중

제7곡 '단테를 읽고-소나타풍 환상곡'

작곡 연도 1849년경

장르 피아노 독주곡(소나타풍 환상곡)

감정 키워드 고통, 절망, 긴장, 상흔, 초월

흩어진 진실

시리즈 <나인 퍼즐>
드보르자크 <슬라브 무곡>

* 기억의 매개체 *

인간의 삶은 거대한 퍼즐과 같아 때로는 명확한 조각들을 맞춰 온전한 그림을 완성하지만, 어떤 경우에는 흩어진 조각들 앞에서 방향을 잃고 헤매기도 한다. 디즈니+의 미스터리 스릴러 <나인 퍼즐>은 10년 전 벌어진 삼촌(지진희 분)의 잔혹한 죽음 속 잃어버린 기억을 추적하는 프로파일러 이나(김다미 분)의 이야기를 그린다. 학생 이나는 그날의 유일한 목격자이자 용의자로 지목된 인물이다. 그가 성인이 되어 진상을 찾아 나설 때, 자신을 의심하는 형사 한샘과 엮이며 본격적인 스토리가 전개된다. 여기에서 극의 몰입도를 최고조로 끌어올리는 요소는 드보르자크의 음악이다.

체코의 거장 드보르자크의 <슬라브 무곡 2집> 중 제2곡은 <나인 퍼즐>이 지닌 복잡다단한 심리적 맥락을 전달하는 데 근간을 이룬다. 또한 '춤곡'이라는 활기찬 이름과 달리 슬픔과 고독 등 보편적 인간의 깊은 감정을 담고 있다. 특히 '2곡'(e단조#)의 조성이 주는 쓸쓸한 느낌은 극의 분위기를 탁월하게 표현한다. 우수에 잠긴 감미로운 선율은 인물들의 심중을 대신하는 거울이자 극의 전환점을 암시하는 복선으로 작용하고, 미스터리를 풀어내는 열쇠이면서도 관객들을 이야기 속으로 끌어당기는 마법과 같은 힘을 발휘한다.

시리즈 1화 시작부터 장엄한 오케스트라 버전의 <슬라브 무곡>이 흐르며 헤드폰을 쓴 이나가 비 오는 날 집으로 향한다. 집에 도착한 이나는 이상함을 감지하며 삼촌을 부른다. 이나는 거실 바닥에 떨어진 퍼즐 조각을 줍고, 싸늘히 식어 있는 삼촌의 시신을 발견한다. 음악은 오싹한 분위기를 조성하며 파국의 서막을 알린다. 경찰서에 간 이나는 학교에서 집으로 가는 길을 회상하며 경찰에게 "집에 와서부터의 기억이

\# 조표에 '♯' 하나가 붙는 조성이다. 전통적으로 우울, 비장, 침잠의 정서를 불러일으킨다고 여겼다. 음악미학자 슈바르트(C. F. D. Schubart, 1739~1791)는 이를 "깊은 슬픔과 신비로움, 그리고 종교적 감정이 깃든 색채"라고 묘사한 바 있다.

나지 않는다"고 진술한다. 이때 피아노 독주 버전의 <슬라브 무곡>이 흐르며 잃어버린 과거 속으로 시청자를 인도한다.▶1화, 00:08 더불어 음악은 이나를 향한 한샘의 의심이 시작되는 구간으로, 둘 사이의 팽팽한 긴장감을 고조시키는 역할을 한다.

* 증폭되는 비극 *

10년 후 프로파일러가 된 이나가 정신건강의학과 의사 승주(박규영 분)와 상담하며 지난날을 떠올린다. 다시 <슬라브 무곡>이 흐른다.▶1화, 00:19 이나는 승주에게 여전히 집 도착부터 기억이 나지 않는다며 "그 사이에 무슨 일이 있었을 텐데"라고 말한다. 그가 넓고 무서운 집에 들어가기 싫다고 고백하자 멜로디는 이나의 가슴속에 자리한 깊은 공포와 외로움을 감성적으로 동행한다. 장면이 지나가고 10년이 지난 그 시점에 두 번째 퍼즐이 나타나는 소란이 발생한다. 이나는 동일 연쇄 살인임을 직감한다. 이로써 시리즈는 주요한 국면으로 진입한다.

이나가 경찰대학 강의를 마치고 집에 도착하자 비애를 띠는 바흐의 오르간 작품 <토카타와 푸가 d단조, BWV565>의 푸가 파트 마지막 부분이 흐른다.▶2화, 00:45 장엄하면서 어두운 음향으로 불길한 코드라는 인식을 전한다. 바흐의 음악이 끝나고 가정부가 퇴근하자 켜져 있던 TV에서 드보르자크의 <슬라브 무곡>이 흐른다. 이렇게 연결되는 음악의 메시지는 이나의 트라우마와 실재 세계의 극명한 괴리를 보여주며 범죄의 주요한 실마리로 작용한다. 이 장면에서 바흐와 드보르자크의 이음줄은 이나의 의식과 무의식 사이를 오가며 사건의 단초를 제공하고, 이나의 정서적 변화를 고양시킨다.

이나와 한샘이 공조하는 동안 계속되는 죽음과 새로운 퍼즐들이 미스터리를 가중한다. 그러던 어느 날 한샘이 이나 삼촌이 비리에 연루되었던 사실을 알아내고, 드라마는 참극의 근원을 향해 막바지로 달려간다.

시리즈는 사건의 전말을 보여주고 바로 이나가 집으로 들어서는 장면으로 전환한다.▶10화, 00:46 다시 드보르자크의 음악이 흐르지만, 이전과 확연히 다른 일촉즉발의 기류가 형성된다. 삼촌이 살해당한 위치에 서 있는 이나의 뒤에서 누군가가 다가와 "돌아볼 수 있겠어?"라고 묻는다. 진짜 범인의 등장이다. 악곡은 살인범의 실체가 가져올 파장의 무게를 간접적으로 묘사하며 사태의 최후를 준비시킨다. 이나는 돌아보며

악곡처럼 슬라브인이 가진 저항의 에너지와 강한 비장함을 내비춘다.

드보르자크의 <슬라브 무곡>은 이나의 잃어버린 기억과 숨겨진 진실, 인물들이 마주하는 괴로움을 끊임없이 환기하고 증폭시키는 핵심적 구성 장치이자 마음의 결을 이어주는 교량이다. 음악은 미스터리 스릴러가 주는 긴장감보다 인간의 참모습 추구라는 보편적인 주제에 깊이를 더하며 관객에게 강렬한 감각적 공명을 선사하는 완벽한 '퍼즐 조각'이다.

나인 퍼즐 Nine Puzzles

공개 연도 2025년

감독 윤종빈, 김정호

출연 김다미, 손석구 외

국가 한국

장르 미스터리 스릴러, 범죄 드라마

관람 등급 15세 이상 관람 가

안톤 드보르자크 Antonín Dvořák, 1841~1904

슬라브 무곡 제2집, Op.72 중

제2곡 'e단조'

작곡 연도 1886년

장르 피아노 연탄곡(관현악 버전은 1887년에 완성)

감정 키워드 슬픔, 향수, 고독, 비극성, 고뇌, 상실감

영화관에서 듣는 클래식
플레이리스트

▶ 01. TAR 타르

말러, 교향곡 제5번 c#단조, GMW44 중

제1악장 '장송행진곡'(엄숙한 걸음으로, 엄격하게, 장례 행렬처럼)

▶ 02. 더 페이버릿: 여왕의 여자

비발디, 비올라 다모레 협주곡 a단조, RV397 중 제1악장(빠르게)

▶ 03. 봄 교향곡

슈만, 교향곡 제1번 B♭장조, Op.38, '봄'

▶ 04. 슈발리에

슈발리에, 바이올린 협주곡 제9번 G장조, Op.8/G.050

플레이리스트

▶ 05. 파벨만스

바흐, 마르첼로 오보에 협주곡에 의한 건반 협주곡 d단조, BWV974 중

제2악장(매우 느리게)

▶ 06. 다운사이징

바흐, 관현악 모음곡 제2번 b단조, BWV1067 중 제7곡 '바디네리'

▶ 07. 다운사이징

모차르트, 두 대의 피아노와 오케스트라를 위한 협주곡, KV365 중

제3악장 '론도 알레그로'

▶ 08. 히든페이스

슈베르트, 교향곡 제8번 b단조, D759

▶ 09. 오징어 게임 시즌 3

하이든, 트럼펫 협주곡 $E^\flat$장조 Hob.VIIe:1 중 제3악장(빠르게)

▶ 10. 재벌집 막내아들

드보르자크, 교향곡 제4번 d단조, Op.13 중 제1악장(빠르게)

▶ 11. 두 교황

스메타나, 오페라 <키스> 중

제1막 '벤둘카의 자장가'(자요, 나의 작은 천사여)

▶ **12. 아마데우스**

모차르트, 레퀴엠 d단조, K626

▶ **13. 더 배트맨**

슈베르트, 가곡집 <호수의 여인, Op.52> 중

제6곡 '엘렌의 노래 Ⅲ'(아베 마리아, D839)

▶ **14. 테이큰 2**

튀르키예 음악, 입술에 남은 갈망

▶ **15. 테이큰 2**

튀르키예 음악, 허망함

▶ **16. 원더우먼 1984**

모차르트, 오페라 <피가로의 결혼, K492>

제2막 2장 아리아 '당신은 사랑이 무엇인지 아시나요?'

▶ **17. 블랙미러: 화이트 크리스마스**

로시니, 오페라 <도둑까치> 서곡

▶ **18. 웬즈데이 시즌 1**

조르다노, 오페라 <안드레아 셰니에> 중

제3막 마달레나의 아리아 '어머니는 돌아가셨네'

플레이리스트

▶ 19. 퀸스 갬빗

뉴먼, 영화 <성의> OST 중 '피날레: 할렐루야'

▶ 20. 하녀

조르다노, 오페라 <안드레아 셰니에> 중

제3막 마달레나의 아리아 '어머니는 돌아가셨네'

▶ 21. 육사오(6/45)

글린카, 오페라 <루슬란과 루드밀라, Op.5> 서곡

▶ 22. 더 에이트 쇼

림스키-코르사코프, 오페라 <차르 살탄 이야기, INR80>

제3막 1장 끝 관현악 간주곡 '왕벌의 비행'

▶ 23. 그린 북

쇼팽, 에튀드 제11번 a단조, Op.25-11, '겨울바람'

▶ 24. 그레이의 50가지 그림자

쇼팽, 24개의 전주곡, Op.28 중 제4곡

▶ 25. 모나리자 스마일

멘델스존, 오라토리오 <엘리야, Op.70> 중 제27곡 '네 눈을 들어라'

표지 그림 ────────────────────────────────────

에드워드 호퍼, 〈뉴욕 무비〉
Edward Hopper, 〈New York Movie〉
1939년, 캔버스에 유채, 81.92×101.92cm, MoMA 소장
© 2026 Heirs of Josephine Hopper / Licensed by ARS, NY – SACK, Seoul

영화관에서 듣는 클래식
어떤 장면은 음악으로 기억된다

1판 1쇄 발행 2026년 2월 5일

지은이 김태용
기획·편집 김지수
디자인 [★]규
교정교열 박성숙
제작 미래피앤피
용지 월드페이퍼

펴낸이 김지수
펴낸곳 클로브
출판등록 제2023-000001호
주소 서울시 중구 세종대로 72 대영빌딩 907호
이메일 clovebooks@naver.com
인스타그램 @clove.books